CRUP
管理新知　知识点亮生活

HOW TO
MAKE MONEY
WITH SOCIAL MEDIA
An Insider's Guide
to Using New and Emerging Media
to Grow Your Business

第2版

玩赚社会化媒体

[美] 杰米·特纳　｜　列什马·沙阿 ◎著
（Jamie Turner）　　（Reshma Shah）

李洁◎译

中国人民大学出版社
·北 京·

也许你跟许多人一样，对社会化媒体心存疑问。也许你会好奇，社会化媒体是否被神化？是否会被别的什么取而代之？抑或只是费钱费力的"花瓶"？

然而，重要的问题是：通过运营社会化媒体真能赚到钱吗？毕竟，如果不能赚到真金白银，筹建一个社会化媒体平台、启动并且经营它有什么意义呢？

好消息是，你完全可以通过社会化媒体赚钱——如果能够执行正确的计划。问题是许多人认为简单更新脸书网页或者上传一段视频到 YouTube 就是社会化媒体活动了。

当然不是。

运行良好的社会化媒体活动是经过精心筹划、严格执行并且认真管理的项目。它建立在一整套清晰的目标、战略和战术之上。最重要的是，它被设计用于明确的目的——赚钱，其他任何事情都仅仅是沿途的一个个小站。

也许你会想："我只不过是一个小业主，所有的时间都用在打理生意上，怎么可能抽出时间学习和使用社会化媒体呢？"对此，我们将通过亲身经历来告诉你，社会化媒体不会浪费你的时间，尤其是一开始就正确地筹划它的话。

或者你又会想："我负责一家大型跨国公司的庞大部门，我只需要聘请专门的人才来负责社会化媒体就行了。"除非你完全了解社会化媒体，否则可不能把这项工作交给别人来做，我们完全可以在这里帮助你把它做好。

你甚至还会想："我在 B2B 公司工作，工作中全都是关于建议和降低价格的申请，社会化媒体在我们公司是没有用武之地的。"我们也想说，社会化媒体不仅限于 B2C 公司。事实上，对于 B2B 公司而言更是行之有效的工具。

如果把本书当作市场营销百科全书来看，它可能无法满足你的需要；如果把本书当作社会化媒体入门读物来看，它可能也不会如你所愿；不过，如果你想寻找一份实战路线图，帮助你筹建、启动、开展赚钱的社会化媒体活动，本书可能正对你的胃口。

阅读本书的几点提示

本书分为几个部分：社会化媒体的新思维、基础、三大平台、附加价值、保障与成功秘决，以及对其赚钱能力的评估。

每一部分都旨在为你拟订实战路线图，以帮助你顺利开展社会化媒体活动。

本书也使用了许多专栏，以突出重要理念，它们提醒你留意书中每一部分的重要主题。

书中也提供了许多 60 秒营销人网站（60 Second Marketer）的内容。60 秒营销人是一本在线杂志，服务于全球范围内的营销专家。

最后，我们在每一章结束时都会列出重要理念和行动步骤，这样的设计是为了帮你回顾每一章的内容和建立在重要理念基础之上的具体行动步骤。它们不是摆设，要去实践！

准备好了吗？现在翻过这一页，让我们开始吧！

HOW TO MAKE MONEY WITH

SOCIAL
MEDIA

目　录

HOW TO MAKE MONEY WITH

SOCIAL
MEDIA

第一部分
社会化媒体活动再思考

01

如何理解利用社会化媒体赚钱

在 SXSW 音乐节①之后不久，里卡多·格里尔就滋生了一个念头，而这个念头永远地改变了社会化媒体。

那是 2007 年 4 月 22 日，星期天，格里尔正在阅读最近一期的《纽约时报》，其中有一篇关于社会化媒体平台推特（Twitter）的创始人杰克·多尔西（Jack Dorsey）和比兹·斯通（Biz Stone）的故事。

格里尔第一次知道推特是上个月在 SXSW 音乐节上，推特获得了"最佳网站奖"。这时，推特仅仅拥有 10 万名用户，平台的未来还是个未知数，格里尔认为它不过是昙花一现。可是从那以后，关于这个平台总会有些事情让格里尔心有所动，

---

① SXSW（South by Southwest Conference）音乐节是美国最大的音乐节之一，始于 1987 年，每年春天在得克萨斯州州府奥斯汀举办。——译者注

他由此渐渐萌生把推特运用到业务中的想法。

自 2007 年 4 月的那一天起，许多事情都在变化，最重要的是人们更加纯熟自如地使用诸如推特，Pinterest，脸书，Instagram，Google＋和领英等工具，把它们作为朋友联络、商业交往以及与喜爱的品牌进行互动的方式。

可是有一件事情没有变：众多的企业仍然试图计算出社会化媒体可以产生多大的收益。即便是《财富》500 强中 77％的公司都把社会化媒体用于商业运作，在美国仍然只有 12％的商业企业能够把它们的社会化媒体活动与收益挂上钩。

这就是格里尔读到《纽约时报》上那篇文章时所面临的挑战。当时格里尔是位于得克萨斯州奥斯汀的戴尔公司的网络策划师，正筹划如何将关注者变成现金流。周围确实没有人知道该怎么做，事实上，社会化媒体是如此之新，以至于一位受人爱戴的专家说：计算社会化媒体活动的投资回报率就像试图计算美化办公环境的投资回报率一样——无论多难都要尝试，但是它真的难以计算。

但是这个说法格里尔并不认同，毕竟一家公司投资到一项技术上，理所当然期望获得投资回报，否则就没有任何理由花费金钱。如果你是企业主、营销总监或财务总监，你花钱在技术、设备零部件上的理由可能是：（1）增加收益；（2）降低成本；（3）提高效率。如果做不到其中任何一条，为什么要投资呢？

于是格里尔尝试找到一种使用这个新工具为戴尔赚钱的方

法。大部分人明白推特和类似的媒体平台能够扩大品牌认知度，但是没有人真正搞清楚如何利用社会化媒体另辟蹊径获得收益。

不过接下来，阅读了那篇文章之后不久，格里尔灵光一闪。

为什么不可以为戴尔折扣店在推特上建一个群，促进有潜在消费意愿的关注者经由推特进入戴尔的电子商务网站呢？如果有大量的受众，就可以提醒关注者只有戴尔折扣店的网页上提供特别折扣。当这些受众看到特别折扣的推文时，就会点击进入网页以获得更详细的报价，从推文点击进入电子商务网站的人当中肯定有一定百分比会成为消费者。

乍一看，以上思路具有很强的逻辑性。毕竟，直销行业采用类似的方法已经超过 50 年了，它们的方法是直接发送邮件给一定数量的潜在消费者，比如 10 万人，收到邮件的这 10 万人中，大约有 0.5％ 会订购产品成为消费者。如果这 500 名新客户产生的收益能够超过市场营销活动的总费用（原材料、管理费用、人工费用等的合计），那么活动就是成功的。理论上，这样的计算能够得出毛利润，如果剔除所有开支还有利润，才可以继续你的活动，进而增加收益。从理论上看，遥遥无期。

对于格里尔来说，问题是如何使用那个计算方法并且把它用到推特中。首要的一点是必须有足够的关注者，不过没有人知道到底有多少关注者，能够确定的是那时候推特上的大多数人就是早期的尝鲜者，而这些尝鲜者确实是对戴尔计算机折扣感兴趣的人。

于是在 2007 年 6 月 5 日，戴尔折扣店在网站上发布了第一篇推文，这是一个非正式的促销信息，主要用来吸引那些当时关注它的人。大约 12 个月之后，它收获了 1 000 个关注者，真的不多，但是经由戴尔折扣店推特账户直接创造了 50 万美元的收益。换言之，戴尔获得这 50 万美元的额外收益，凭借的是弄清楚了如何使用社会化媒体平台吸引潜在客户到电子商务网站，继而把他们转化为消费者这一思路。从这个角度讲，戴尔公司是开先河者。

搞清楚所做的事情的始末并没有花费格里尔和戴尔公司其他人员很多时间，到 2008 年 12 月，戴尔已经获得了 2 500 个关注者和经由推特账户的 100 万美元的销售收入。

很快，戴尔的关注者呈指数级增长态势，到 2009 年 12 月，戴尔拥有了 150 万名关注者，以及推特账户上超过 650 万美元的销售收入。渐渐地，戴尔模式取得的骄人业绩受到越来越多企业的关注，于是，其他的企业也纷纷一头扎进推特浪潮，将它作为创收的工具。

这种直接收益仅仅是戴尔公司故事的一部分。尽管 650 万美元的收益是巨大的成功（尤其是当你认为戴尔推特账户的运营不会有什么花销的时候），但其他一些因素还是应该考虑进去，例如，粉丝群是如此热衷于戴尔通过推特账户推出的特惠报价，以至于他们开始在脸书上收集并分享这些优惠券。这个举动不仅拓宽了戴尔的粉丝基础，推广了戴尔品牌，而且给戴尔的电子商务网站带来了更多的潜在客户，这并没有让戴尔多掏一分钱。换句话说，戴尔的脸书粉丝团正扮演着公司的义务营销部门角色，所以戴尔在营销活动中每花 1 美元，网上的粉丝团就会为戴尔相应地带来额外 5 美分、10 美分或 15 美分不等的收益。

所有这些都回避了一个问题：如果说社会化媒体带来收益的模式始于 2007 年，为什么只有 12％的公司通过努力利用社会化媒体获得了收益呢？为什么不是 100％的公司向财务总监报告：它们在社会化媒体每投入 1 美元就会为公司创造出 5 美元或 10 美元的收益呢？

答案很简单：它们不知道怎么做。确切地讲，它们会纸上谈兵，却不懂实干，也不了解创建能够赚钱的社会化媒体的具体步骤。

工具与技巧

人们愿意测量容易测量的（像赞、流量、跟随者、蹦失率等）指标，而这些指标都不是很完善，因为它们无法显示活动是不是真的带来了收益。为了利用社会化媒体做大业务，你需要把这些指标和另外一些公式结合起来衡量活动是否有效，在接下来的章节里，你会学到更多重要的理念。

大多数人在管理社会化媒体活动时遇到的另一个问题是：实际上社会化媒体不是被设计用来赚钱的。

是的，你没看错，本书的书名确实是《玩赚社会化媒体》，而我们想说，并不是每个活动都能带来现金流入。

一些非常成功的社会化媒体活动并非被设计用于创造销售，它们可能是为了提升客户满意度。美国发现卡（Discover Card）数字客户体验和社会化媒体执行总监丹·金吉斯，成立了一个专家团队，专门研究和管理消费者在推特和脸书上的推文、帖子以及评论。发现卡所属的是一个高度管制的行业，对所有专门账户的回复都面临严格的审查。可是发现卡公司还是发现了一些玄机——通过推特的私信，或者通过安全的网上聊天空间——去管理与客户的交流，并打消客户的顾虑。

这样做还是有积极意义的，很快就有消费者在回复中对发现卡公司利用社会化媒体处理、解决客户服务问题的方法提出了表扬。

这种主动性流露出的意思就是发现卡很愿意在消费者最初提出请求的渠道中回答他们的问题。发现卡也意识到以一种充满感情的、真诚的方式参与网上交流，完全可以：（1）迅速解决消费者的问题；（2）以一种透明的方式显示优质的客户服务；（3）将信用卡用户不满评论的负面影响降到最低。这样，往往以用户得到服务之后发表积极评论而结束整个事件。

过去，客户投诉专门经由 800 客服电话处理，这意味着配置给整个 800 客服的只有接线员，而一名接线员在同一时间只能处理一名消费者的投诉，如果话务忙，客户不得不在电话那端等待。当一位满腹怨气的客户需要等待时，只会更生气，等到接线员接听这位怒火中烧的客户的电话时，还得花时间平息他的怒气，安抚他的情绪，直到用户恢复理智。这种客户服务的管理方法，代价太高了。

通过比较传统客户服务的成本和社会化媒体客户服务的成本，类似发现卡这样的公司应该进行核算，来确定要不要利用社会化媒体客户服务来提高效率。如果说运转一个传统客服部门的成本是100万美元/年，而运转传统和社会化媒体相混合的客服部门的成本是90万美元/年，那么社会化媒体活动就为公司"创造"了10万美元。

当然，在这个例子中，成本的含义有点简化了，但至少说明了一个问题——不是所有社会化媒体活动的开展都是为了"赚"钱，也可能是为了"省"钱。

工具与技巧

HootSuite 和 TweetDeck 是两款基本且著名的社会化媒体工具。如果你打算升级，考虑一下 SproutSocial，Oktopost 或 Rignite；如果你打算进入社会化客户关系管理（CRM）世界，试试 Insightly，Nimble，Batchwork 或 Oracle Social。这些平台添加了客户关系管理工具，为你更好地管理与客户/潜在客户之间的关系提供了助力。

戴尔折扣店的活动被设计为吸引潜在客户到电子商务网页，而发现卡的活动被设计为客户服务的工具，也许你的活动并不是用于实现上述目的，比如仅仅是简单地维持客户与产品和服务的关系，又比如你不想要什么电子商务网页，也不想要什么客服部门，那么你打算怎么测算社会化媒体活动的价值呢？

这个测算其实没你想象的那么难。一种方法是分析社会化媒体对客户流失率的影响。如果你和大多数公司一样，每年都会流失一定数量的客户，这样的流失会对你的业务产生实际的影响。假设你的公司年收益为 1 亿美元，每年的业务流失率约为 10%，也就是收益减少 1 000 万美元，为了保持稳定的收益率，你必须找到替代收益。

通过开展社会化媒体活动与客户及潜在客户保持联系，可以把每年的客户流失率从 10% 减少到 9.5%，0.5% 的比率听起来不多，可是这个 0.5% 会为你的公司减少 50 万美元的损失。如果社会化媒体活动运营成本是 20 万美元，那么你就为公司"赚"了 30 万美元。

这个例子再一次说明，社会化媒体活动以不同的形式为公司创造价值。有时候，就像戴尔折扣店的例子，社会化媒体活动直接和收益挂钩；有时候，就像发现卡的例子和上面提到的例子，测算的方式只有些微的差别。

不管怎样，如果想开展成功的社会化媒体活动，很重要的一点是要通过一系列指标来帮助你测算活动是否有效。如果不监测各种结果，也不把它们与收益挂钩，那你对于社会化媒体的利用，就是杀鸡用了宰牛刀。

让我们讨论一下，针对刚刚探讨过的内容，你该怎么做呢？毕竟获得信息才是成功的一半，另一半是运用这些信息，让它对你的业务产生作用。

下面是我们对本章内容的回顾，也希望你能做到：

■ 重新构建思维。许多人从战术角度考虑社会化媒体，也就是说在他想到目标、目的之前，先想到的是脸书网页、推特账户和Google＋文档。如果你也如此，那你恐怕得改变想法了，你的活动要从设定目标、明确目的开始。活动可以吸引潜在客户吗？可以减少客户流失吗？或者可以带来简单的品牌偏好吗？从长远看，你如果想利用社会化媒体赚钱，一定要不忘初心。

■ 开始使用社会化媒体管理工具。人们对于社会化媒体最大的不满之一是得到真正的关注太费周折。筹备活动并不算太难，可是要让人们对你的网站产生兴趣并有所动作实在太耗时间和精力了，对此，一个办法是撤出社会化媒体运行平台，进入社会化媒体管理平台。在接下来的几章中，我们会介绍一些社会化媒体管理工具，不过你想现在寻找并尽快熟悉它们，那就试试SproutSocial、Rignite、Oktopost、HootSuite、Socialbakers以及Webfluenz吧，这些都是一流的社会化媒体管理工具。如果你打算离开社会化媒体管理平台进入客户关系管理(CRM)，一定要试试Insightly、Nimble和Batchwork。

■ 确定使用的指标。如果你正在跟踪社会化媒体活动的数据资料，那真是太好了。如果你用粗劣的系统跟踪数据，可能对你并没有实际的帮助，相反，你应该利用社会化媒体管理工具的控制面板功能跟踪结果。或者你也可以用谷歌的电子表格跟踪数据，它还可以由你的团队成员对其进行检查和编辑。并且它们被一路跟踪下去，并且人们对结果持负责任的态度，情况就会有所改善，这将是多么令人惊喜的事情啊！

■ 集中精力。许多企业一头扎入社会化媒体，以最快的速度在尽可能多的媒体平台上推广自己，这直接削弱了运营媒体活动的能力。如果你认为自己已经在太多平台上宣传过自己了，那么不妨收缩一下范围，集中精力到三五个平台，如果这些平台运行有效，再逐步增加回去。记住，在三个平台上做好、做精一项工作要胜过在十个平台上做十项平淡似水的工作。

小结

关键理念　戴尔是第一家弄懂如何利用社会化媒体平台为其创造收益的公司。

行动方案　通过戴尔折扣店的成功模式为你的业务发展提供一些可借鉴的方法。这要求公司有电子商务网站，即便没有，也要尽快熟悉它们的模式，因为这是我们后续章节中讨论的内容的基础。

关键理念　并非所有的社会化媒体活动都是被设计用来赚钱的，有的是用来省钱的。

行动方案　你用社会化媒体作为客户服务的工具了吗？也许你正用社会化媒体作为减少客户流失的方法，不管你用社会化媒体做什么，都要测算它对你的公司有多少实质的影响。

关键理念 重新构建你对社会化媒体的认识。

行动方案 如果你对于社会化媒体的思考过程开始于手段（推特、脸书、Google＋等），那就颠倒一下吧，首先考虑目标和目的，然后再考虑帮助你实现目标、达到目的的手段。如果你已经认真思考过了，那么就准备战术和策略吧。

02
关注社会化媒体活动的目标

在某个时尚小镇的一隅，修葺一新的红廊餐厅①开张了。店主想到一个好主意，他要利用社会化媒体的影响力来提高新餐馆的曝光率和知名度。

他的创意简单而有吸引力，他发送推文说截止到下周一如果餐馆能够获得 100 个关注者，就举办一场回馈活动：酒水免费，开放酒吧，无需小费。

在营销的世界中，有两种绝妙的促销方法：第一种是赠送代金券，第二种是酒水免费，这恰好与红廊经营者的想法不谋而合。

这个促销如此有声势和魄力，可是令我们最为忧虑的不是

---

① 红廊餐厅是美国一家知名餐厅的化身，作者为了保护其在现实中的经营，故化名红廊。——译者注

促销能否奏效，而是是否因缺乏餐饮管理经验而过了火。毕竟主流媒体写过几个故事，描绘了社会化媒体项目成功的经验，如刚开始运营的这家红廊餐厅。

这些报道中最负盛名的成功案例当属戴尔公司（见第 01 章），它们在推特注册的页面大获成功，得到了 150 万个关注，为戴尔创造了 650 多万美元的收入。

由于戴尔的成功，红廊老板对于酒水免费会使餐馆生意过于火爆的担忧一点都不令人吃惊。因为毁掉一家餐厅或酒吧最快的方法是吸引太多的人光顾，这会导致员工超负荷工作、顾客牢骚满腹地排长队等候、厨房堆积如山的餐具无人处理……

当店老板发出第一篇推文时其实就流露了些许的焦虑：

> 请关注并转发，如果截止到星期一获得 100 个关注，我们将邀请所有关注者参加酒水免费的派对。免费参加！

继第一篇推文，他们又发布了更多的推文，都旨在推广促销活动——营销战中最屡试不爽的促销手段——酒水免费。促销过程中，老板还定期查看他们又收获了多少新的关注者。

那么，他们收获了 1 000 个新关注？5 000 个？还是 10 000 个？

都不是。只有 23 个新关注，不是 2 300 个，也不是 23 000 个，只是少得可怜的 23 个。

怎么会这样？

对于新入门者，他们缺少我们所称的社会化媒体吸引力。

有了社会化媒体吸引力，你的品牌会强大到如同磁铁吸附铁片一样吸引消费者。你的品牌的魅力似乎浑然天成，以至于人们都趋之若鹜，希望和你的公司产生联系并被你的公司接纳，只因为你的品牌带给他们一种"范儿"——高端大气上档次的感觉。

比如耐克、可口可乐以及哈雷-戴维森摩托车，就有无限的社会化媒体吸引力，这也是人们愿意穿耐克的运动服、在汽车后挡风玻璃贴上哈雷标识的原因。

如何辨识你的品牌是否具有社会化媒体吸引力？ ————————➤

1. 普通大众会穿带有你品牌标识的运动服吗？

_____会　　　_____不会

2. 普通大众在车身上会贴上印有你品牌标识的贴纸吗？

_____会　　　_____不会

3. 普通大众会戴印有你品牌标识的帽子吗？

_____会　　　_____不会

如果回答有一个以上的否定，那你的品牌还不具有社会化媒体吸引力。不过也不要担心——大多数品牌都没有这种吸引力，这是个明摆着的事实。

关于社会化媒体吸引力的好消息是，如果你有，你就可以有组织地扩大你的社会化媒体项目了。人们实际上很愿意被拥有强大的社会化媒体吸引力的品牌所俘虏，他们愿意在车上贴着你的标识，他们想穿一套印有你品牌标识的运动服，他们想成为你脸书网上的粉丝。

要想借助社会化媒体成为"磁铁"，通常得投入千万美元、千万小时的人工。耐克、可口可乐以及哈雷-戴维森的成功并非一蹴而就，它们强大的社会化媒体吸引力，是团结协作共同努力的结果。冰冻三尺，非一日之寒，这些品牌的建立历经了数十年。

红廊面对的第二个挑战是它被置于这样的一个印象当中——如此卖力促销显然说明他们的社会化媒体活动才迈出第一步。

不过对于红廊来说这并不是第一步，其实是第二步。第一步是利用传统媒体和口碑效应吸引公众关注和访问其推特、脸书、YouTube、领英或 Pinterest 网页。

社会化媒体洞见　——————————————————→

大部分品牌没有社会化媒体吸引力，不过没关系，你可以通过奋斗获得。

当然，如果你已经具备社会化媒体吸引力，就可以越过这一步，直接跳到第二步。不过你要是和我们大多数人一样，就不得不使用传统方式来吸引公众的眼球：印刷品、广播、电视节目（如果你的公司规模较大、资金雄厚），可能还有电子邮件、公关活动和口碑营销（如果你的公司规模较小、资金不足）。

所有这一切都将我们带到一个关键点上：如果你不能规划出一个步步为营、指引你朝着终极目标迈进的战略框架，所有投入到社会化媒体中的时间和金钱都将打水漂！

这就是我们写作本书的初衷——帮助像你一样被动卷入社

会化媒体世界的人们，构思出一种方法，获得苦苦追寻的结果。

鉴于此，让我们以一个基本的前提开始——没有一家企业开展社会化媒体活动是因为想被社会化，而是因为想扩大销售，增加收益，说得再具体些，就是想做到这三件事情：

■ 获得新客户；

■ 让现有客户成为回头客；

■ 让客户愿意为每次购买花更多的钱。

搞清楚这三个目标很重要，因为太多的人纠缠于社会化媒体的细节，无形中却忘记了开展社媒活动的初衷——实现上述三个目标。

为了说明设定目标和明确目的的重要性，让我们追根溯源，粗略地看看在过去的 150 年里营销的历史沿革吧，看看营销出自何处，又将走向何方。

营销如何走到社会化媒体时期

最早的营销传播公司（那时称为广告代理商）始于 19 世纪六七十年代。当时，像 N. W. Ayer 和智威汤逊（J. Walter Thompson）这样的公司，在报纸和杂志等出版物上为企业撰写、刊登广告，收取的佣金为印刷刊登费用的 15%。

到了 20 世纪三四十年代，大型广告代理机构出现了，如李奥·贝纳（Leo Burnett）和奥美（Ogilvy & Mather），它们做得风生水起。到五六十年代，许多公司想方设法邀请顶级广告商麦迪逊大街与自己合作。世界上最大公司的 CEO 们邀请广告代理机构的 CEO 共进晚餐，讨论商业、利润等，这件新生的奇妙的事情就被称为"市场营销"。

这些广告代理机构拥有一些大公司不具有的东西——创造性人才。这些人（绝大部分是）在电视上被描绘渲染成这样的形象：穿着曳地长裙的社交名媛、啜饮马丁尼酒的社会名流，在广告中他们似乎拥有妙手回春、扭亏为盈的魔力。

事情真那么简单就好了。

到了 20 世纪 80 年代，权力由麦迪逊大街转移到大公司身上。这些大公司似乎相信它们的成功不是靠创意，而是靠战略。它们认为市场营销活动中最重要的部分不是醒目的标题或生动的形象，而是隐藏在标题和形象背后的战略。

那些来自斯坦福大学、哈佛大学和沃顿商学院等高等院校的人才总能设计出最好的营销战略，于是各大公司纷纷开始雇佣来自这些院校的工商管理硕士，权力从恒等式一边的麦迪逊大街转移到了另一边的大公司。

如果你是公司一边的，这可真是值得额手相庆的事。然而对于这种权力的转移，广告代理机构却高兴不起来，不过它们也接受了这个现实，开始钻研其他领域的专业知识，这使得它们对于客户来说不可或缺。

时间很快推进到 20 世纪 90 年代，当时正是数据和信息称王于市场营销的年代。突然，权力核心不在广告代理商手中

了，也不在大公司的产品经理手中了，它转移到零售商那里
（比如沃尔玛、家得宝和欧迪办公）。它们带着高度缜密的物流
和数据管理项目，把信息分析运用到极致，对产品的分销不仅
可以做到从城到城，还可以从店到店进行分配调整。

权力转移——从广告代理，到大公司，到零售商，所有这
些就发生在 20 世纪下半叶。几十年来，先是麦迪逊大街的广
告权威掌控着品牌，然后工商管理硕士取而代之，不久，零售
商接管了这一切。

可是今天，关于品牌的话语权发生了巨变，它不再属于单
独的某个机构、公司或零售商了，它属于消费者（见图 2.1）！
消费者和你一样管理着你的品牌，他们围绕品牌的想法、评价
将以光速传遍全世界。

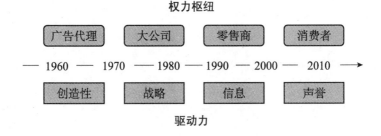

图 2.1　品牌话语权的变迁

资料来源：Dr. Reshma Shah，Emory University.

在 1965 年，像可口可乐和百事可乐，通过在黄金时段投
放三则商业广告，能够影响 85％的电视观众。的确如此，那
时任意一个品牌在黄金时段投放三则商业广告就能联系到电视

观众的绝大多数。

但是到 2014 年，同一品牌不得不投放 130 多条商业广告才能获得与之前等效的结果。因为电视观众被数以百计的有线电视频道瓜分了。

随着宽带网络进入千家万户，像 YouTube、脸书、领英、推特、Google＋和 Pinterest 这样的平台成为主角。当内容分发转移到这些平台上时，就像过去的代理机构、大公司、零售商一样，消费者获得了品牌控制权。

社会化媒体新纪元

是的，消费者对你的品牌说了算。对于这个说法你若心存疑虑，问问美联航吧。几年前发生了一个影响颇广的事件，一位名叫戴夫·卡罗尔的音乐人在 YouTube 上发了一段名为《美联航弄坏吉他》的音乐视频，用音乐讲述了自己名贵的吉他被美联航在运输途中摔坏，之后索赔无果的故事，这段视频像病毒一样传播开来，超过 1 300 万人观看了该视频，公司股票价格一周内下跌了近 10％。

你也可以问问享誉全球的 Epicurious 美食网站。当得知两名恐怖分子在波士顿的马拉松比赛中引爆炸弹时，Epicurious 的推文写道："波士顿，我们的心与你同在。这是一碗能量早餐，我们得吃完它，开始这新的一天。"这次波士顿国际马拉松赛恐怖袭击的目击者以及世界上其他人没有被逗笑。

百事公司的遭遇又如何呢？这个可乐巨人的一个部门在脸书上投放了一系列广告：一个酷似葡萄牙足球运动员C罗的巫毒娃娃被系在铁轨上，身上密密麻麻地扎满了大头针。这个广告引起了轩然大波，葡萄牙人抗议百事的群组单日内赢得了10万多人的关注，很快百事删了这个广告，并在第一时间为播放该广告公开道歉。

最关键的一点是：无论你是产品经理、营销总监，还是对营销项目的成功抱期望的任何人（如企业的员工），都要时刻铭记，你无法左右公司的品牌，但消费者可以——这既是机会也是威胁。

社会化媒体洞见 ————————————————————→

消费者和你一样对品牌的感知有控制权，要真诚坦率地精心维护与他们的关系，这样做你就是为品牌找到了守护神，因为他们将为你带来更多的销售。

小结

关键理念 社会化媒体吸引力就是让人们被一个品牌顺理成章地吸引。

行动方案 深入了解消费者的情绪"热键"，搞清楚到底是什么原因促使他购买你的产品和服务，因为许多人都是情绪消费者。研究"热键"、寻找原因，利用社会化媒体与其建立更深、更有意义的联系。

关键理念　成功的社会化媒体活动只做三件事：（1）获得新客户；（2）使现有客户成为回头客；（3）使客户愿意为每次购买花更多的钱。

行动方案　当你开发社会化媒体活动时不要忽略上述三个具体目标。一个很普遍的现象是注意力常常从重要目标（上述三个）转移到次要目标（如期限、内容生成、执行等）上。请谨记：社会化媒体活动中所有路径最终都应指向投资回报率，只有紧紧盯住上述三个目标，才会带来投资回报。

关键理念　品牌的权力中心不再是代理商、公司或零售商，而是消费者。

行动方案　在任何事上都要尊重顾客。从犯错的公司身上吸取教训，不要企图掩盖或隐瞒事实真相，与消费者一定要坦诚相见，承认、接受、面对、改正，这样消费者才会心甘情愿地充当你品牌的守护神。

03

战略性思考社会化媒体

社会化媒体最大的障碍之一就是大多数人以本末倒置的方法管理他们的社会化媒体活动。

我们说的人们以本末倒置的方法管理他们的社会化媒体活动，是什么意思呢？在考虑战略前，首先考虑战术。这是南辕北辙。

"我们需要脸书页面、推特的旺铺介绍和 Pinterest 的登录页面。"这是开展社会化媒体营销的经典说辞，但却是错误的。正确的说法是："我们需要建立总目标、具体目标和一个战略。"如果你一开始就设立好总目标、具体目标，然后通过制定一系列战略、战术、实施方法就可以开展你的社会化媒体活动了，这相当于在出发前，你得知道你要去哪儿。

例如，你驾车从亚特兰大到奥斯汀，首先要有总目标（去奥斯汀），然后要有具体目标（在汽油充足的情况下，五天到那里），最后确立帮助你实现总目标和具体目标的战略（根据路线把行程大致分为五部分，每三个小时加一次油并在服务区休息）。

明白了吗？

关于总目标、具体目标、战略和战术我们将在第 18 章详细论述。现在，让我们稍作调整，探索如何从战略上思考你的业务和顾客，直到你的下一次社会化媒体活动。

开始这项工作的最好方法就是追踪最初吸引顾客购买你的产品和服务的动机。表面上，你可能认为顾客是被产品和服务的功能所吸引。例如，你拥有一家提供家政清洁服务的公司 Maid Brigade，你肯定知道顾客需要的是一个焕然一新的居家环境，他们不会要求你们去修剪草坪，而是要求你们打扫房子。

但是这真的就是他们所要求的吗？干净整洁的居家环境是 Maid Brigade 的重要卖点，但是提供家政清洁服务的公司不计其数。所以问题就变成了"除了干净整洁的居家环境，顾客真正在买什么呢？"

对于一个菜鸟公司来说，它相信消费者是在买一个值得信任的品牌。对一些公司来说（例如，可口可乐和苹果），品牌价值是它们最重要的资产之一。对于品牌价值的前景，可以参考你竞争对手的品牌价值。当地可能有几家卖比萨的餐馆，众多餐馆卖的比萨都比达美乐的好，但是达美乐卖出的比萨肯定比你社区中的任何餐馆都多。

这是为什么呢？因为达美乐是人们喜爱并信任的品牌。一谈到它，喜爱和信任就会转换成巨大的商机，从而它卖出更多的比萨。

现在我们看一看品牌价值，让我们回到 Maid Brigade 的案例中。人们雇用 Maid Brigade，不会简单地因为它是可靠的品牌或者它擅长打扫房间，其中另有深意。当你深入了解是什么促使人们去购买它的服务时，你就会发现原因是不言而喻的。

例如，Maid Brigade 是第一个使用绿色清洁材料的全国连锁家政公司，所以一些人雇用 Maid Brigade 是因为他们喜欢绿色服务的概念。对于使用家政清洁服务的大多数人来说，"绿色清洁"并不是他们特意追求的，但它肯定是品牌之间的分水岭。

不过我们抓住的仍旧只是皮毛，你可以继续刨根问底。例如，当人们期望一所干净的房子时，他们真正希望得到的是什么呢？不仅是一所干净的房子，还有时间！换句话说，他们希望每个星期多出几个小时的空闲时间，而不是亲力亲为大扫除。

那么他们花钱得到的那几个小时被用来干什么呢？最初你可能会说，他们可以打网球、含饴弄孙，或者做慈善。所有的这些答案都是正确的，但当你进一步审视它们时，你会意识到顾客实际上是希望有更多的机会去体验更丰富多彩的生活、维护更深的人际关系、更好地了解彼此。

因此，人们购买某种产品或服务的意义要比你想象的更深层。

如果你列举了一个使用 Maid Brigade 产品的特点和益处的清单，那么你找到的很有可能还是流于表面的东西。如果你能洞悉顾客心理并思考什么能真正激励他们的购买行为，你就会找到与客户/潜在客户产生共鸣的情感"热键"。

再说一遍，这不是说你可以不在意"绿色清洁"、"一尘不染的橱柜"或者"焕然一新的地毯"诸如此类的概念。这些方面对于 Maid Brigade 的确都很重要，但如果你用更深层、更有意义的情感共鸣话题为这些表面益处镀上一层金的话，你就将你的前景与客户及潜在客户绑在一条绳子上了。

工具与技巧

不论从事何种行业，为你的网站吸引流量都是主要目标之一。谷歌分析可以评估流量，也有很多好的替代品，如 KISSmetrics，FoxMetrics 和 Adobe Analytics，这些都可以为你提供全新的视角查看网站的数据。

社会化媒体活动成功的基础

在纸上写下人们去星巴克购买咖啡的原因，想想是什么激励人们去那里购买咖啡。

当然在你的列表中第一项就是，顾客想要喝咖啡，这个理由足矣。但是他们还买了什么呢？难道他们没有购买星巴克让他们感到很酷的感觉吗？难道他们没有购买一个星巴克的消费主力都是年轻、创新、专业人士的事实吗？难道没有购买星巴克的环境带给他们的惬意吗？

还有什么？你可以继续深究：有些人是因为咖啡师友善的微笑，有些人是因为时尚的背景音乐，还有人是因为舒适的沙发很适合用笔记本工作。

继续追寻下去：有些人去星巴克是因为感到孤独。有趣的是，有些人去那里是因为想要一份孤独。

还有些人去那里是因为星巴克能帮助他们思考、放空大脑，或者静下心来。

当然，最终我们兜了一大圈，也终于认识到有人去星巴克仅仅是因为他们想喝一杯不错的咖啡。

重点是，无论你谈论的是星巴克、Maid Brigade，抑或其他任何公司，任何社会化媒体活动成功的基础都是发现激励顾客购买某产品或服务的动机。顾客往往不仅购买产品或服务的用途和功能，同时也购买了它们的隐藏价值。

社会化媒体洞见 ────────────────────────▶

顾客购买的不仅仅是产品和服务，他们还购买某种满足内心深处情感需要的东西，这种需要并不是显而易见的。通过了解你顾客的情感动机，你会为更有效的社会化媒体活动奠定基础。

社会化媒体是双向的工具

现在我们谈论的是如何深入了解你的客户/潜在客户，让我们先把如何思考社会化媒体的平台搭建起来，要做到这一点，最简单的方法就是与你熟悉的其他事物作对比，所以让我们用一种普遍的方法开始社会化媒体。

什么是社会化媒体？你在网上能找到成千上万的答案，对的、错的，鱼龙混杂。我们的定义是：社会化媒体由促进顾客与公司交流的数据化工具组成。

遗憾的是，许多企业只是利用社会化媒体进行单向的独白，而不是双向交流，这给了我们很重要的启示：

社会化媒体更像电话，而非话筒。

把社会化媒体作为话筒是一种不正确的使用方法。你知道我们说的是什么样的公司，它们迫不及待地讨论是什么让它们的产品和服务与众不同。你会和一个口口声声号称自己如何如何优秀的人约会吗？你愿意与张口闭口只谈自己、却始终没问过你兴趣爱好的人成为朋友吗？

我们只能猜测到这里，可以想象的是，如果你在某一天与这样的人约会，这可能就是你与他的最后一面。

所以，回到我们的类比中来，如果你打算开展下一次社会化媒体活动，想想你正在使用的平台的工具，它最好是个具有双向交流功能的电话，而不是话筒。

主要的社会化媒体平台

现在我们把之前的比喻拿来进一步讨论，如果使用社会化媒体类似于使用电话，那么脸书最像什么？领英呢？推特呢？

我们继续做了一些类比，以便帮助你思考：

■ 脸书就像酒吧。这是一个简单随意的地方，在这里你可以畅所欲言，谈论周末的生活、讲笑话，或者告诉人们你在同学聚会上干了什么。

■ Google＋就像乡村俱乐部。尽管谷歌是地球上增长最快的社会化媒体网络之一，拥有广泛的用户群，但它仍然具有独特的感觉，因为它仍然干净、整洁、（暂时）没广告。

■ 领英就像一个商品展览会。这里你不能告诉人们你上个周末在拉斯维加斯干了什么，对吗？好了，也许你能，但是一般的商务人士不会这样做。领英要体现你的职业素养，讨论业务，聊聊《哈佛商业评论》中一篇有意思的文章，在你的谈吐中多用一些如"价值链"、"商业模型"之类的术语，这样的小伎俩还是必要的。

■ 推特更像一个鸡尾酒会。酒会非常适合增进交往、分享信息、结识朋友——就像数百万人每天在推特所做的一样。也许把许多信息打包进 140 个单词中有些难度，但是如果你能熟练使用推特，就能很有效地把它用于业务。

■ Pinterest 就像是公告栏。Pinterest 的整体理念是帮助人们分享看法、创意、图片、最优报价和其他一系列信息，把它们放到数字公告板上，公开并允许他人分享。大多数企业把Pinterest当做加深与潜在客户和客户关系的品牌推广工具，也有一些企业用它（快速高效地）提供特别促销或者产品价格等信息。

■ YouTube就像跨年夜的时代广场。时代广场跨年夜挤满了喧闹的、为了引起注意的人，这就说明了问题。正如在时代广场上很难引人注目一样，在YouTube上也很难脱颖而出，因为竞争者甚众。所以，如果你想利用YouTube赚钱，首先要建立对YouTube平台的认知。

你知道吗？ ————————————————————————▶

YouTube每个月的收视人数超过十亿，这几乎相当于十个超级碗①的观众。如果YouTube是一个国家的话，它将是世界上第三大国家。

其他可利用的社会化媒体平台

提到社会化媒体，人们常常错误地认为就是脸书、Google＋、领英、推特、YouTube和Pinterest。但事实上，社会化媒体要比这些多得多。

为此，我们逐个介绍不同类别的工具，它们可供你用来增

———————————

① 超级碗（Super Bowl），即美国国家美式足球联盟年度冠军赛。

加销售和收入：

- 博客和数字杂志——它们已迅速成为人们获取新闻和信息的基本来源。

- 书签和标签——类似于数字黄色便利贴，让在线社区成员知道你喜欢的文章或者 Web 页面。

- 电子邮件新闻通告——让人们了解你产品和服务的数字传单。

- 小组件——在线小工具，帮你处理数字、查看天气，或者报告你在股市赚取（或者亏损）的钱。

- 内容聚合网站——这类网站有效地剪切来自其他在线报纸中的文章，并转发到中心位置。

- 维基网——网站允许人们提供和编辑内容。

- 投票网站——给人们提供机会，让人们针对产品和服务表达自己的观点。

- 众包网——利用世界各地人们的天赋、技能创造一些东西（例如一个开源软件的开发）。

- 留言板和论坛——人们可以在网站的数字公告板上表达自己的想法或意见。

- 反馈渠道网站——参与行业试映或例会的人可以将自己对于某件事或讲话人的评论同步发布的一类网站。

- 推特会（Tweetups）——经由推特以个人名义组织的碰头会或休闲聚会（"今天下午 6 点我们与鲍勃在酒馆见面，一起讨论今年的高端社会化媒体活动"）。

■ 图片分享网站——数字图片网站，如 Flicker，Insta-gram 和 Snapfish，人们可以上传他们最喜欢的图片、照片。

■ 播客——大小型组织通吃，不限话题，播放他们的想法、评论，甚至奇谈怪论。

■ 演示文稿共享网站——能上传你最新的、最拿得出手的 PPT 文件。

■ 虚拟世界——年轻人在这里创造另外一种生活。

■ 评级和评论网站——能让人们对你的产品和服务进行评级和评论（不管你信不信，负面评论才有助于你的品牌提升，因为它们给了你即时的客户反馈）。

世界 500 强企业使用社会化媒体的五种模式

无论你是独立投资人还是就职于世界 500 强企业，了解别人是如何使用社会化媒体工具的，并把它们运用到自己的社会化媒体活动中都很重要，他山之石可以攻玉。

抱着这个想法，让我们看看世界 500 强企业使用社会化媒体的五种模式：

■ 品牌推广——有些企业把社会化媒体严格地作为品牌推广的工具。通常情况下，这意味着开展 YouTube 社会化媒体活动有希望获得大量的关注。在我看来，把社会化媒体作为品牌推广的工具是 20 世纪所有企业的思维定式。如果你真想加码，你需要把以下的可量化方法中的一个或者四个运用到你的社会化媒体活动当中去。

■ 电子商务——如果你可以在线销售产品和服务，你当然希望吸引人们去你的登录页面并进行购买。你怎么才能把顾客吸引到你的网站呢？只需做许多电子商务公司所做的，针对关注社会化媒体活动的人发布特价促销。促销链接易于追踪，你很容易就能看出多少人访问了登录页面，多少潜在客户转化成了客户。

■ 调研——许多公司把社会化媒体作为调研的工具，有时候，比如建立网站来跟踪结果。星巴克的 MyStarbucksIdea.com 网站就很有名。其他时候，社会化媒体也可以作为一个简单的民意调查工具，例如，领英、SurveyMonkey 或者通过电子邮件。

■ 留住顾客——拓展一个新客户所花费的努力相当于维护住一个老客户的三到五倍，这是一条公认的经验法则。鉴于此，把社会化媒体作为保持顾客忠诚度和兴趣度的工具实在算得上明智之举。这就是 Comcast 和西南航空公司做的——通过推特、脸书和其他社会化媒体平台帮助顾客解决服务纠纷等。

■ 开发潜在顾客——如果在网上你卖不动自己的产品和服务，怎么办？你就要效仿许多 B2B 公司的做法了，就是利用社会化媒体吸引潜在客户访问网站，在那里顾客可以下载白皮书、听广播或者看视频。一旦捕获到潜在客户的联系方式，你就可以通过电子邮件或者直接邮件向他们进行二次营销了。

小结

关键理念　当你找出社会化媒体与你熟悉的事物的共性，就能够很好地了解它了。

行动方案　找出不同平台如 YouTube、脸书、推特这些社会化媒体和你熟悉的事物之间的相似之处，并分享给你办公室里和你一样不懂社会化媒体的同事，这样，他们也能很快适应这些新工具了。

关键理念　社会化媒体不止有 YouTube、脸书、推特、Pinterest 和领英。

行动方案　通过访问博客、加入论坛、阅读电子报刊和其他一些你可能没光顾过的平台，来拓宽你对各种社会化媒体工具的理解。

关键理念　有五个被世界 500 强企业使用过的社会化媒体模式。

行动方案　将一个或多个上述模式运用到你自己的社会化媒体活动中，不过，更为理想的是从以上模式中发展一个用于你的新品推广活动，也许比原来的模式效果更好。

正确理解社会化媒体的价值

你有兴趣学习如何利用社会化媒体提高你的销售和收入，这真是太好了，但是在深入了解利用社会化媒体赚钱的细节之前，需要普及一下社会化媒体的语言。毕竟，语言是一切交流的基础。

社会化媒体不是灵丹妙药

首先我们需要普及几个术语，如社会化媒体、平台和渠道。

■ 社会化媒体——任何单一、广义的工具你都可以运用到社会化媒体活动当中，比如博客、论坛和用户生成的视频网站等，都是社会化媒体的好范本。

■ 平台——你在社会化媒体中运用到的软件或者技术，比如，WordPress 是用于博客的平台，YouTube 是用于在线视频的平台。

■ 渠道——你和客户之间具体的、个人的联系，社会化媒体渠道的例子包括：特定的博客、推特账户和脸书的个人资料等。

我们需要解释一件你可能已经知道的事情，许多人认为社会化媒体对于自己的生意是灵丹妙药。他们在博客上发表文章，在 YouTube 上发布视频，更有甚者会著书立说，谈论社会化媒体要如何变革以及未来的趋势（是的，我是在讽刺这些人）。

结果就是社会化媒体有时确实被视作能解决所有营销和业务问题的灵丹妙药。

社会化媒体不是治愈你业务中所有小病小痛的良方，它不是你解决所有问题的一劳永逸的方法，但是它作为切实可行的、长期的营销工具，如果使用得当，能帮助你增加收入、提高客户忠诚度、建立品牌意识，何乐而不为呢？

社会化媒体的生命周期

社会化媒体已经不是第一个被过分夸大的新技术了。想想几年前博客风靡一时的情形，众多企业、非营利组织和个人都受其吸引，纷纷投身写博客的潮流。

实体公司越把博客当作一种可行的宣传工具，博客就越被人们认为是能解决任何营销问题的利器。一时间，仿佛每一个世界 500 强企业的 CEO 都有博客。

但是接下来的事情就令人啼笑皆非了：当人们意识到博客并不能解决他们所有的问题时，他们的幻想破灭了，于是突然之间人们对博客口诛笔伐，认为完全是在浪费时间。人们决定不再费时费力写博客了，特别是那些没有人看的博客。

不管你吹捧它，还是诋毁它，博客就在那里，不膨胀也没消亡，而是进化得更好更有用。不再是发布新闻的工具，而是 CEO（以及公司的其他成员）与客户/潜在客户联系的渠道，当这样的对话开始之后，人们才认识到怎样更好地使用博客。

许多公司现在意识到他们的博客是能把潜在客户与业务联系在一起的渠道工具。当这种联系建立起来时，他们也为自己的品牌和产品服务创造了客户的忠诚度。

同样的情节也在社会化媒体身上重演，首先，对它功能的夸大其词导致人们认为社会化媒体是一种提升销售额和收入的轻而易举的方法；其次，一些人幻想破灭就说使用社会化媒体劳神费力得不偿失。但是现在，人们已经知道要如何高效地利用社会化媒体，如何通过他们的努力产生令人乐观的投资回报率。

工具与技巧 ——————————————————————————▶

想提升你脸书页面的水平吗？WooBox 和 Agorapulse 能为你提供一些精巧的工具来实现脸书页面的美化。你还可以用 Likealyzer 对你的脸书页面进行分析和跟踪。

将社会化媒体带入你的商业生活

图 4.1 是戴尔公司和棒约翰公司用于构建社会化媒体项目的模型，但它不是唯一的模型。本质上讲这是把潜在客户吸引到公司的社会化媒体渠道的做法。在戴尔的案例中，公司利用推特网和折扣店为数百万名粉丝提供了特价优惠。特价优惠一发布在折扣店页面上，就吸引了众多客户/潜在客户登录到公司专门建立的设置匹配报价的折扣店页面。如果报价足够吸引人，一定比例的潜在客户就会被转化为客户。信息和数据被系统捕捉到，戴尔就会察觉到在自己的社会化媒体社区中谁是通过推特登录页面的，于是对这些人展开二次营销。

为了吸引潜在客户到社会化媒体的渠道上，戴尔（及其他公司）利用了不同类型的传统和非传统的媒体。公司利用直邮、电视、广播或者户外广告让人们知道社会化媒体社区已经创建完毕。或者更有可能的情况是戴尔利用博客、论坛或者在线视频产生流量。如果公司已经发展成熟，那么它会利用情境广告和品牌定位来把流量吸引到社会化媒体网站上。

情境广告是一种付费搜索或在线播放的广告，通常被置于与博客、客户端、App 或在线文章类似内容的附近。如果你在蒙大拿州拥有一座狩猎小屋，你想把顾客吸引到狩猎小屋中，你一定会把广告放到内容是关于步枪、猎枪、狩猎或其他户外活动的文章或博客帖子的附近，这样做会比较有效果，对

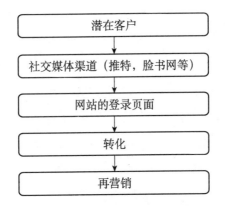

图4.1 你可以在投资回报率的基础上评估

社会化媒体活动，特别是如果使用上面的商业模式

不对？通过运作情景式带入性广告，你的点击率就会增加，利润也会随之增加。

利润，多让人激动的事情！

行为定向又是什么呢？涉及哪些方面呢？行为定向与情境广告很相似，但又有很大的不同。行为定向广告追着互联网上的人群跑，例如，成千上万的人每天都在谷歌、雅虎、必应上面搜索"相机"或者"摄影器材"，有一小部分的人会点击进入包含相机信息的相关网站，这些信息有助于消费者做出购买决策。但是大多数人并不会在几次点击之后就做出购买决定。通常，在购买一台900美元的新相机之前，消费者会在几个不同的网站中浏览，收集有用的信息。

所以，当人们在浏览网页时看到关于你的相机品牌的广告时，岂不是很酷？如果广告能够引导人们对你的摄影器材投入更多的关注，那你的点击率岂不是会变得更高？这就是行为定向，一种能够很好地把顾客购物与消费体验联系在一起的方式。

现在，在你对隐私泄露竭力反对之前，要记得广告商没有缠着消费者，他们跟踪的是数据统计，没有人偷瞄谁的电脑，他们只是给网站提供广告而已，因为在那儿有成千上万的人碰巧像你一样，正在阅读你分享的一篇有趣的文章。

你知道吗? ————————————————————————————▶

隐私保护者们对行为定向提出了一些质疑。直邮广告行业发展几十年了，行为定向使用的是同样的技术，直邮广告行业通过对大量人群使用统计数据进行分析，从而发送有针对性的信息引起买家的兴趣，所以，行为定向是使用相同的技术而不是窃取个人信息。

那么这和我们前面提到的社会化媒体模型有什么关联呢？这个例子能够解释那些有经验的公司是如何利用像情境广告和行为定向把人们吸引到社会化媒体网站的。一旦进入社会化媒体网站，公司就会把人们吸引到他们想购买的产品或服务的登录页面。

有些人可能会问："为什么我不能用情境广告或者行为定向把人们直接吸引到我的登录页面呢？为什么我不能一开始就把他们吸引到我的社会化媒体网站呢？"

确实也是可以的。简单快速的方法就是向顾客介绍产品和服务，但是如果这个模式开始丧失效果怎么办？如果人们不再像以前那样频繁点击广告怎么办?

当这些事情发生时,你就需要添加一个能把人们吸引到你的社会化媒体渠道上的、适用于任何形式媒体(包括传统媒体和非传统媒体)的组件,把浏览量添加到你整个营销活动中,这是个补救的办法,能变不利为有利,让你与客户/潜在客户建立联系。

与客户建立终身联系

联系这个概念需要反复推敲。你还记得我们说过隐藏在社会化媒体活动背后的整个思想就是要与客户/潜在客户进行双向交流吗?当你与客户/潜在客户有了双向交流时,你所进行的就不仅仅是一个对话了,而是正在建立一种联系。这种联系的建立随时发生,但通常发生在顾客购买行动之前。

联系的概念为什么这么重要呢?因为顾客不会在刚与你建立联系时就购买你的产品。认识、兴趣、欲望和行动四个阶段(AIDA)构成了消费者的行为模型,这个模型产生于 20 世纪60 年代,是为了突出消费者在购买产品时所经历的过程。如果一位消费者处于认识阶段,而另一位消费者处于行动阶段,那么他们的购买心态是不同的。正确的做法是因人而异,以不同的沟通方式对待在 AIDA 决策过程中处于不同阶段的消费者。

当你思考社会化媒体活动时,让我们看一个使用 AIDA 模型的示例。如果有人每五年买一辆汽车，那么提前五年就对他进行客户关系培养，实在是太心急了。

事实上，营销人员经常利用消费者的习惯来提高活动效率。汽车制造商不仅知道你之前买了什么车，他们也知道你会以什么方式买车。所以，如果你每五年在春季车展贷款买车且首付 1 000 美元，那么他们在 1 月份就会对你有针对性地发送信息，以便有足够的时间来建立你对产品的认识，培养你对新车的兴趣，激起你的欲望，最终鼓励你采取行动，买下某辆车。

数字营销的出现和大数据的应用（大量的数据可以用来分析消费者的行为）能够完成的事情令市场人士大为震惊，结果就是营销人员致力于寻找日臻完善的方法去优化他们的活动，优化的结果是越来越赚钱，这总是好事。

小结

关键理念 社会化媒体是公司用来开展活动的工具（例如，博客），平台是用于社会化媒体的技术（例如，脸书网），渠道是公司与客户之间具体的、个人的联系（例如，脸书网页面）。

行动方案 学习这些术语，以便你的员工能够使用统一的语言来讨论社会化媒体活动。

关键理念　许多不同的公司运用几种社会化媒体模型，最常见的模型就是客户/潜在客户→社会化媒体渠道→登录页面→转化→再营销。

行动方案　开展你自己的、与基本模型相适应的社会化媒体活动，以便追踪结果，改善活动，进而提高投资回报率。

关键理念　你可以通过传统媒体和非传统媒体为社会化媒体网站吸引流量，吸引的流量越多，就越有机会与潜在客户建立长期的联系。

行动方案　通过给潜在客户提供有用的工具和信息使其受益，培养关系。不要只记得销售、销售、销售，多培养、多帮助，是建立更深层次的忠诚度的有效方式。

关键理念　认识、兴趣、欲望和行动的 AIDA 模型是关于消费者的行为模式，说明消费者在购买过程中所处的阶段。

行动方案　依靠消费者在购买过程所处的阶段，量身打造营销活动，以便因人而异进行沟通。

HOW TO MAKE MONEY WITH

SOCIAL
MEDIA

第二部分

利用社会化媒体赚钱的基础

05

评估社会化媒体活动

大中型公司的营销总监平均任期只有 11 个月，这真有点骇人听闻。

这种情况发生的原因是大多数首席营销官不知道如何评估营销活动。这是情有可原的，因为仅仅几年前，成功的市场营销模式是制作一个 30 秒的电视广告，并将它持续播放。

然而现在，情况早已发生了变化。

回到从前，如果你的 30 秒广告能够让人印象深刻，那么你的日子就舒服了。再进一步，如果因为情绪的感染促成实际购买的话，那么更疯狂的事情就会在你的身上发生——升职加薪。

这是为什么呢？在 20 世纪，与媒体相比，市场营销关注更多的是创意，换句话说，制作一个有趣又吸引人的广告要比弄清楚什么时候在哪里投放广告更重要，如果你手中有一个成

功的电视广告，无疑你是幸运的，你只需要在活动中持续注入
更多的资金，就会看到销售上升，如此这般，直到销售趋停。
下一次营销，你只需要重打锣鼓新开张，如法炮制一遍就
行了。

图 5.1 说明了我们的观点。纵轴表示营销支出，横轴表示
销售。斜率（m）表示营销活动对销售的影响，坡度越大，影
响越大。

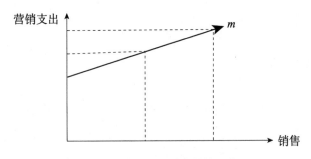

图 5.1　营销活动对销售的影响

举个例子，如果你就职于 Geico 公司，手中有一个有趣
的、成功的广告（既有感染力又能赚钱），在斜率为正的情况
下，你只需要不停地增加营销预算。

再举个例子，公式稍微有点复杂：

$$a + bx_1 + cx_2 + dx_3 + ex_4 = y$$

式中，a 为传统媒体；b 为社会化媒体；c 为价格；d 为分
销；e 为产品最大数量；y 为利润。变量 x_1，x_2，x_3，x_4 都对
社会媒体活动有影响，并最终对利润产生影响。

最后，不管你是用像上面那样复杂的公式，还是简单地计

算出你社会化媒体活动的成功，目标都一样——创造正的投资
回报率。

评估社会化媒体活动很重要

　　思考下面这个有趣的统计数据：由 Mzinga 和巴布森行政
教育学院调查的数据显示，只有 16％的受访者表示他们目前
会为社会化媒体项目评估投资回报率（见图 5.2），超过四成
的受访者表示甚至不知道使用的社会化工具是否具有评估投资
回报率的功能。

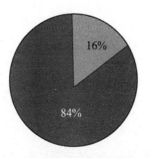

■　16%会评估社会化媒体活动
■　84%不会评估社会化媒体活动

**图 5.2　调查显示全球只有 16％的营销人员会在投资
回报率的基础上评估他们的社会化媒体活动**

资料来源：eMarketer. com.

　　你千万不要成为那 84％不评估社会化媒体活动投资回报
率的一员。如果按照本书的计划行事，你就会成为那 16％懂
得追踪结果的一员。

　　不久前，高端家具店全球生活（Global Livings）的创始

人兼首席执行官鲁帕尔·玛姆塔妮表示："我几乎每天都要花两三个小时在全球生活的社会化媒体活动中，我也是身不由己，我们的微博又不能外包给别人，而我在行业中所做的事情也没有前人的经验可以借鉴，所以我不得不亲自操刀。我早就说过，白加黑、五加二，又是开展业务，又是管理品牌，实在让人吃不消。"

当被问及她所做的努力对公司的影响时，她说："在这个行业当中，我们做了半年多社会化媒体领域内的急先锋，不过现在初步看到效果了，人们开始对我和我的公司更感兴趣。"虽然还没有看到对销售的直接影响，但是她看到了与顾客的接触有所增加，这将带来消费意愿。只是消费意愿，她一再重申——不是销售。对于她来说，社会化媒体只是对传统媒体的补充，而且最好是"它不会代替报纸广告、广告牌，还有现场活动，至少——我的公司不会"。

显然玛姆塔妮看到了参与社会化媒体的价值所在，但是当她看到个人投入的时间即将有回报的时候也还是心存疑惑的。当然，任何一种传统营销宣传的主要目的都是"告知、说服、提醒"客户关于你的产品或服务的信息，以期获得新的销售或重复销售。在这个过程中，希望以有意义的方式让顾客对你的公司或品牌产生兴趣，比如鼓励、引导他们多次回来。

对玛姆塔妮来说，把最终目标锁定于唯一真正重要的事情——"社会化媒体对销售是有影响的"，这真是个好消息。

事实上，即将看到"两者之间的联系"对她来说才是好消息，更希望，是好事临近的征兆。

工具与技巧 ━━━━━━━━━━━━━━━━━━━━━━━━▶

想管理你的品牌在线上的提及率吗？那就一定要设置 Google Alerts，或者以一种更成熟的经验来看，推荐你试试 Mention.com，它允许你管理、分析，并且与他人合作。

社会化媒体活动也有风险

我们采访的一个多部门传播公司看到了社会化媒体带来的益处，但也发现了一些与之相关的风险。公司目前没有正式的、有组织的机构来管理社会化媒体平台和公司内部跨领域交流，以及公司总部与分支机构之间的交流、公司的买家与卖家之间的交流等。

为确保通过社会化媒体营销进行的交流有意义，公司要在人力、物力、技术以及流程方面投入大量资金。公司还要认识到必须针对社会化媒体与其他形式的营销相比较如何影响销售进行大量研究。在社会化媒体平台和工具发展日新月异的今天，营销总监们不约而同地认为应该"等等看"，避免社会化媒体领域内可能出现的低效或无效投资。而且，持有这种观点的人不在少数。

最近我与另一家市值数十亿美元的多部门公司的营销总监

交流之后，发现他们也出现了类似的情绪。很明显，这家公司了解社会化媒体对品牌的重要性，然而他们主要的担心是可扩展性，虽然一些平台可以在指定的时间号召数百万名消费者采取行动，但是几千人究竟要如何联系？

企业的社会化媒体指南

　　许多公司已经编写了员工指南用于社会化媒体工作，看看这些基本指导方针：

- 尊重——尊重他人，礼貌相待。
- 责任感——宣传之前要仔细思考。
- 正直——显示诚信品德。
- 有道德——你奶奶喜欢你做什么事情？不要对顾客做你奶奶不喜欢的事情。
- 增加价值——在对话中增加一些能推动事情发展的内容。

　　幸运的是，解决这些问题的方法也已开始出现，一些公司正在为企业员工制定社会化媒体指导方针，用企业社会化媒体管理工具——像 Oracle Social，Socialbakers 和 Webfluenz——管理全球范围内的社会化媒体交流。

　　这给我们最重要的一点启示就是，通过社会化媒体如何运用组织的能力实现期望的品牌定位。每次不厌其烦地听着营销总监承认不敢确定采用社会化媒体战略需要投入多少资源的时候，我都在想，如果我们每听一次你的说法就向你收一美元，我们每个人早就变成百万富翁了。所以许多公司招聘名牌大学实习生来帮助他们在这样的投资情况下"弄明白投资所需的资金"和"确定投资回报率",至少,在刚刚过去的很长一段时间采取这种形式是见怪不怪的。但是雇佣应届毕业生来开展社会化媒体工作是非常危险的做法,这就是为什么我们建议你把社会化媒体项目分配给经验丰富的员工或者团队的原因。

社会化媒体不是免费午餐

一个无法回避的事实是,任何工作都需要投入,或投入人力,或投入技术,这些投资或迟或早都会发生。

当你思考如何利用社会化媒体与顾客进行联系,并最终赚到钱,问问自己这些问题:

■ 从事社会化媒体活动的收益大于风险吗?如果参与有什么风险?

■ 你的行业、产品或品牌有没有独特性,使社会化媒体或多或少显得很关键或很相关?

■ 你是否能以预期的方式利用社会化媒体营销影响重要的利益相关者?

■ 你知道哪个平台最能引起利益相关者的共鸣并激发他们参与?

■ 你的组织是否有起码的能力,包括资源和流程,能够通过社会化媒体实现预期的品牌定位?

■ 你有办法把社会化媒体整合到你当前的营销传播策略中吗?

■ 你有能帮助你测定社会化媒体回报以及是否值得对其投资的一套指标吗？

通过思考这些问题，你即朝着通过社会化媒体营销活动增加销售和收入迈出了第一步。

小结

关键理念　营销总监的平均任期只有 11 个月。

行动方案　只有接受社会化媒体活动的投资回报率可以被测量的思想，营销总监才能避免平均只有 11 个月任期的命运。

关键理念　基本公式说明了营销活动对产品销售的影响。

行动方案　学习和理解本章中论述的营销组合公式。

关键理念　一些大公司正在利用社会化媒体管理平台来管理他们的全球性社会化媒体活动。

行动方案　如果你是一家大型全球性公司，那么你可以考虑从使用 Oracle Social，Socialbakers 或 Webfluenz 等社会化媒体管理平台开始；如果你是一家中小型企业，可以考虑 SproutSocial，CrowdBooster 或 Oktopost。

06

你的第一次社会化媒体活动为何没有效果

绝大多数的企业使用社会化媒体与客户进行联系，然而只有 12％的企业能收到回报。这是为什么呢？

使用社会化媒体的企业为什么不是百分之百地获得收益回报呢？严格地讲，如果你在商业活动中花费 1 美元，那么它就必须提供 $1＋X％$ 的回报，否则，这项投资就失去了意义。即使社会化媒体活动被设计为客户服务平台，通过减少客户流失或降低成本，它也应该是赚钱的。

也可以这样想，如果你雇用了年薪是 50 万美元的员工，那么，他们必须为企业带来 55 万或 60 万美元的收益，否则，你雇用他们就没有意义。

但是大多数开展社会化媒体活动的人，搞不清楚社会化媒体活动是否能产生投资回报。也就是说，如果社会化媒体活动是成本 50 万美元的员工，人们不知道这些员工是能产生 50 万

$+X\%$ 的收益还是 50 万 $-Y\%$ 的回报。所以，对于公司来讲，社会化媒体活动可能是赔钱的，然而他们没办法知道。

在本书前面的章节中，我们提到过红廊酒吧，对于在推特上关注它的前 100 个人来说，餐厅和酒吧的免费酒水是有史以来的最大的努力。遗憾的是，推广的效果并不显著。导致失败的因素有许多，最主要的原因就是红廊酒吧的社会化媒体活动对顾客缺乏吸引力。

如果你的产品拥有社交媒体黏性，那么这会是一股强大的力量，就像磁铁一样，紧紧地吸引着人们的目光，他们甚至会改变以前的习惯来与你的公司建立联系，因为你的产品让顾客有一种时尚感或"范儿"的感觉。

例如，看看 MyStarbucksIdea.com 网站，这个网站是星巴克众多社会化媒体之一，它是一个特别好的例子，它展示了星巴克是如何利用人们对咖啡的热爱并把这种热爱转变成品牌忠诚度的。品牌忠诚度是社交媒体活动黏性的组成之一，如果你像星巴克一样拥有客户的品牌忠诚度，那么你的品牌前途一片光明。

我们关注的重点是——如果你销售的是纸张、宠物用品，或者提供咨询服务，你不得不与客户打交道，而且要时不时地制造一点"事件"，让他们参与到你的社会化媒体活动中。

要怎么做呢？可以开展一个活动，给消费者提供他们目前没有的但有价值的东西，可以是赠送礼品，或者是传统的特别促销，或者使访客发现一些有用的信息，更妙的是，也可以是个工具，吸引访客一再光临。

工具与技巧 ──────────────────────────▶

　　你想把更多的网站访客转化为潜在客户吗？RazorSocial 的创始人伊恩·克利里推荐 OptinMonster，可以管控鼠标移动，所以当访客离开你的网页时，网页会弹出一个对话框，鼓励他们购买你的产品或订阅你的电子快讯。

　　能让更多顾客回流的最好用和最灵巧的工具就是 HubSpot 营销分析器。HubSpot 已经在其中投入了大量的时间和资金，它采用复杂的分析引擎分析你网站的线上运转情况，通过共享营销分析器，HubSpot 可以：（1）建立品牌意识；（2）吸引更多的潜在客户到网站上；（3）将一定比例的潜在客户转化为客户。

　　"使用社会化媒体获得更多顾客的方法不仅是鼓励，还有教育。"HubSpot 的首席技术官兼联合创始人阿克谢·沙阿说，"在 HubSpot 我们坚信这一点，因为它曾为我们创造奇迹。我们已经知道，通过教育，人们越聪明，你得到的潜在客户和客户就越多。"

　　到目前为止，HubSpot 的营销分析器已经生成超过 500 万个网址、超过 500 多万次的浏览，HubSpot 的潜在客户访问他们的网站，并且饶有兴趣地参与网站的互动。这种类型的浏览量让人难以置信，特别是在你的公司只有几百名员工的情况下。

当你在电脑上查看 MyStarbucksIdea.com 或 Marketing.Grader.com 时，你就会明白他们到底是如何吸引顾客，让顾客对他们保持兴趣、对公司保持关注的。

这又让我们回到了现在人们都在问的一个关键问题："如果社会化媒体是一个这么强大的工具，为什么我的第一次社会化活动会失败？"

这个问题问到点子上了。我们分析了人们开展社会化媒体活动最容易犯的错误，罗列在下面，你可以对比自己的行为，将那些自己也犯过的错误标注出来，如果你的标注超过一个时不要惊讶，关键是找到你的短板，并专注处理短板：

■ 没有评估社会化媒体活动的结果。有趣的是，这是一个很普遍的问题，第 21 章和第 22 章中讨论了一些在下一次社会化媒体活动时你能用来评估结果的方法。

■ 没有建立明确的目标。一些公司没有深思过目标就创建了脸书页面和 Google＋配置文件。是为了建立品牌意识吗？是为了吸引流量到网站的登录页面吗？还是给人们建立一个频道来评论和记录他们的挫折？只有你在思想中有了对社会化媒体活动的理念，你才会收获更好的结果。

■ 认为社会化媒体就是推特、领英、脸书或者 Google＋。社会化媒体是在多个可以管理的平台上与顾客的对话，你给顾客了解你、对你产生兴趣的机会越多，你的活动就越成功。也就是说，你要避免在太多的平台上宣传自己的活动，在转移到其他平台之前，最好先专注于在一两个有过成功经验的平台上进行社会化媒体活动的宣传。

■ 不知道怎样创建登录页面。社会化媒体活动成功的模式基本是这样的：潜在客户→社会化媒体渠道→网站登录页面→新客户。如果你的网站没有能将潜在客户转化为客户的登录页面，投资回报率将会很难追踪，没有投资回报率，就没有社会化媒体活动（或者准确地说，就没有有效的社会化媒体活动）。

■ 没有注意向潜在客户二次营销。大多数访问你登录页面的潜在客户不会变为你的客户，事实上，绝大多数都不会。但这并不意味着他们永远不会去你的网站买东西，他们只是当时没有购买，如果你重视潜在客户，就在你的销售漏斗中加上他们，总有一天他们会变成你的客户。

■ 不知道该怎样把社会化媒体活动转变为销售和市场营销活动。社会化媒体活动不仅仅是建立品牌意识，也是把潜在客户转变为客户的过程。在销售链条上，不要羞于向潜在客户推销。恰恰相反，他们希望这样，在某种程度上，他们认为这是一件好事，能不断地推动他们，把你的产品和服务介绍给他们。

■ 只是旁观。有个真实的故事：多年前，我们和一家著名广告公司的创意总监接触时，他说："即使整个互联网的事情只是昙花一现，我也不想错过。"你肯定不甘于只做替补吧？

■ 低估了社会化媒体的重要性。有些人虽然对社会化媒体没有热情，却也被社会化媒体的洪流裹挟前行，这其实和袖手旁观一样糟糕。你肯定不想成为那样的人。

■ 以为每天花 10 分钟就可以做好社会化媒体。社会化媒体有点像婚姻：如果你每天只和配偶说 10 分钟话，那你不会有一个美满的婚姻。这同样适用于成功的社会化媒体活动——为了让它成功，需要持续投资。

■ 认为社会化媒体就像传统营销。社会化媒体和传统媒体有很大的相似性，但是它们也有许多的不同。你的工作就是接受这些差异，并利用这些差异。

我们可以继续罗列社会化媒体活动失败的种种原因，但我们的初衷是展示怎样利用社会化媒体走向成功，而不是走向失败。

小结

关键理念 如果你严肃认真地对待社会化媒体，那么你需要程式化的方法追踪和评估社会化媒体活动的结果。

行动方案 第一件事情是追踪在脸书、推特、Google＋和其他平台上的关键指标，第二件事情是弄明白是否发现了一些模型或者是否从所追踪的关键指标中有所感悟，然后，我们将讨论一些公式，你可以利用它们获取数据并根据实际情况计算投资回报率。

关键理念 MyStarbucksIdea. com 或 Marketing. Grader. com 网站是两个非常成功的模型，公司可以利用这两个模型吸引访客到自己的网站。

行动方案　访问这两个网站，学习这两个模型是如何成功的，借鉴他们的成功经验，为公司设计一个更大、更好、更大胆的版本。

关键理念　许多企业都启动了社会化媒体活动，却举步维艰。这些社会化媒体活动失败的原因已经列在了本章。

行动方案　利用问题清单确定在将来你应该改进和关注的领域。

07

掌握社会化媒体沟通中的秘密

你年轻的时候是否听到过人们对你的非议？这也许发生在中学时的餐厅里，也许发生在一次聚会中。

大多数人面对他人的非议可能会转身离开，任他们挤眉弄眼、窃窃私语。

但是，如果你已经决定要加入他们的谈话，将会发生什么？如果你已经想好去介绍自己，该怎么做？如果你断定一旦他们认识你以后，就不会对你再抱有偏见，你会怎么做？如果你分几个步骤去和他们交谈，他们可能就会对你印象更佳，并且自此改变对你的看法。可是又有谁能确定？他们也许又会议论一些关于你的正面的事情。

同样的事情在社会化媒体中也时有发生，如果人们在网络中谈论一些关于你公司的流言蜚语，这时你只有两种选择，第一是无视这些言论，第二就是选择参与其中。

如果你无视这些言论将会发生什么？在不久之后，其他人会加入到这场讨论中，并且事情会迅速失控，你最终也得参与对话，而且无法控制它。这真让人沮丧。

研究表明：当一名用户对你的品牌产生积极感受时，他会把这种感受告诉另外一两个人。但是，当一名用户对你的品牌产生消极感受时，他就会将这种感受告诉另外 11 个人。很难说这 11 个人当中有几个人会把这个负面的说法传播下去，但是显然议论不会就此打住，十有八九的是又有 10 个或者 15 个人从最初的 11 个人那里听到这些消极言论。

潜在的 21～26 个人会听到关于你品牌的消极言论，而这些仅仅是基于一名用户对你品牌消极感受的并不重要的言论。然而，这项研究并没有把网络的传播力这一因素考虑在内，网络的巨大传播力会十倍甚至百倍地扩大影响范围。

你知道吗？ ————————————————————————→

信息在网络中的传播速度为每秒 186 000 英里，光速啊！这就是为什么一些公司不得不花费比以前更多的精力去改善消费者对他们品牌的态度。

美林公司①制作并播出了一则广告，其中有母亲给孩子系背带的画面，几位博主认为这则广告让人反感，很明显，几位

---

① 美林公司是强生集团旗下一家经营药品的公司。本事件起源于 Motrin. com 网站上一段销售止疼药的在线广告。这是小事件被社会化媒体放大为群体事件的典型案例。——译者注

博主感觉到广告场景抨击了那些妈妈，她们背痛是使用婴儿背带的结果。这样的负面信息以光速在全球范围内传播，因此没过多久，这则广告就以惨败告终。

广告仅仅播出几天，美林就草草收了场，并且进行了公开道歉。但是光速研究会的调查发现，将近90%的调查对象从来没有看过这则广告。当他们看了这则广告后，大约45%的调查对象表示很喜欢这则广告，40%的调查对象表示对这则广告没有特别的感觉，15%的调查对象表示很不喜欢。仅仅有8%的调查对象说广告不好且影响了他们对品牌的印象，相比之下，32%的调查对象表示这则广告使他们更喜欢这个品牌了。

究竟发生了什么？区区几位博主就导致如此多的负面内容在网上流传以至于美林公司不得不撤销广告，即使失败后的研究也表明公司没有必要这样做。

正如以前提到的，类似的事情也发生在美国联合航空公司身上。事情起因是美联航的行李搬运工弄坏了音乐制作人戴夫·卡罗尔的吉他并拒绝赔偿，卡罗尔自己填词作曲，在YouTube上传了《美联航弄坏吉他》的音乐视频。根据英国《泰晤士报》的报称："这首歌在网上流传的四天时间，美联航糟糕的公关导致民怨沸腾，从而使其股价受挫，下跌了10%，股东损失了1.8亿美元。"顺便说一句，这笔巨额损失足够美联航赔偿卡罗尔51 000把新吉他了。

美联航股价下跌10%是否真的仅仅由于卡罗尔在YouTube上发布的视频所致引人质疑，然而严峻的事实是YouTube上超过 1 300 万名观众现在已经对美联航有了不良的看法。

如果美联航和美林在事情失控之前就进行更深入的在线交流，事情也许会是另外一种结局。

积极参与到交谈中

回到我们话题开始的地方：当你面对加入谈话还是置身事外的选择时，你应该毫无疑问地选择加入谈话，当你这样做时，你就能了解问题的走向并且传播品牌或产品的准确信息。

参与还是控制谈话，不是一件劳动强度很大的事情，然而有些时候你没有选择的余地。位于格鲁吉亚的亚特兰大公司（我们称为品牌 A）每年在传统广告上的花费超过 1 500 万美元，他们娴熟的营销人员会跟踪每一美元花在哪里，甚至跟踪网上关于他们自己和竞争对手品牌的讨论。

问题是，品牌 A 在网上口碑很差，人们在网上写的关于公司的事情都是负面的（通常都不真实），更糟糕的是，人们会混淆网上关于品牌 A 与竞争对手之间的负面信息。

事情有些不可思议，品牌 A 决定置之不理，不参与网上的讨论，这真让人难以置信。谁也不知道它们是怎么想的，也许它们觉得把钱省下来要比把钱投资于清理网上聊天要好吧，殊不知那些聊天内容深深地损害了品牌的长远利益！可是对这种短视和浅见，又该如何是好呢？

你该用怎样一种方法来管理网上的交流，让人们对你的品牌有一个准确的认知呢？当然，首要的是监管网上人们关于品牌不负责任的评论。有几个社会化媒体管理工具你可以利用，如 Socialbakers，SproutSocial，Oracle Social，HootSuite，下面简要概括了它们能提供什么。

■ 原始数据——通过网上博客、微博、维基百科等获得数据。

■ 量和趋势——伴随重要趋势分析提供跨平台的提及量（包括正面的和负面的）。

■ 文字分析——显示围绕品牌出现的重要词汇（如便宜、值得、喜爱、讨厌等）。

■ 竞争对手分析——显示围绕竞争品牌出现的重要词汇。

■ 人口信息统计——在线分析谈论品牌的用户的性别和年龄。

■ 活跃度分析——显示品牌最活跃的范围（包括 YouTube、推特和维基）

■ 地理分析——对与品牌相关的邮件在地理上进行区分，包括国内和国际。

■ 情感分析——用户关于品牌的消极和积极情感，值得注意的或好或坏的趋势。

■ 论坛评论指标——分析和观察网络论坛中的评论和反馈。

■ 社会化平台分析——不仅有人口统计信息、地理分布信息，一些情形下甚至包括不同平台粉丝的心理信息。

但是收集这些数据仅仅是挑战的一部分，真正的问题是，利用这些数据做什么？

一种方法是使用 BKV 公司（全称为 BKV Digital and Direct Response）的 i-Cubed 系统。BKV 是一家营销传播公司，为一些品牌创建了高度可测量的营销活动，例如 AT&A、六旗公司和美国红十字会。（它也是 60 秒营销人的主要创始者，60 秒营销人是本书作者之一杰米·特纳运营的在线杂志。）

当 BKV 看到社会化媒体对品牌产生的能量和影响逐渐增加时，顺势而为推出了 i-Cubed 系统：

■ 信息是你能获得的关于社会化媒体活动的所有数据和统计资料，对于这些数据和统计资料，除可以使用前面提到的工具来获得外，还可以使用 Social Mention（社会化媒体搜索引擎，是非常基础的工具）、BrandsEye（品牌监控和管理工具）、Sysomos（社会化媒体分析公司）、Social Radar（社交雷达）、Brandwatch（社交数据聚合工具）和伏枥的老骥——Google Analytics（谷歌分析）等。

■ 分析是深入到数据当中发现模式、变化、彼此的联系，以及其他有用的信息。从事这种研究活动很容易陷在庞杂的数据堆中无所适从。所以，不要害怕一时的后退，你要对自己说："没关系，我了解数据，只是不知道该怎么用语言表达，我也不知道怎么深入浅出地把这些信息整理成故事讲给我的客户和潜在客户听。"

■ 影响是致力于创建一个改变信息和看法的活动，并把这个活动转变为一个具体的、可衡量的、行动导向型的项目，为你的品牌带来收益。如果数据显示长篇大论的博客没有多少访问量，而 YouTube 有很多，你就会把你的发现用到活动中。

利用 i-Cubed 系统管理网上的讨论

不久前，我们利用 i-Cubed 系统帮助一位顾客成功化解了危机。他经营体育用品，当时正试图摆脱关于产品信息不准确的评论和高度紧张的气氛。这是个有趣的案例，很值得在这里分享，因为大多数公司都遇到过类似的问题。

事情始于 15 年前，这家公司生产的一款产品发生了故障，其实绝大部分情况下的故障是用户不当使用导致的。但是太多不明就里的用户受到影响，起诉书像雪片一样飞来，公司决定庭外和解，而不是诉诸法庭。

事端似乎平息了。直到 15 年后，一个名不见经传的博客作者不知出于什么用意，在他的博客上发布了一篇研究不充分且极具煽动性的文章，当谷歌搜索引擎把这篇文章排到首页第二的位置时，问题开始变得不可收拾，因为比这个帖子排名靠前、位列搜索结果第一的正是这家体育用品公司的官方网站！

你可以想象，围绕这家公司的所有问题都冒出来了，一个博客作者的不准确的信息在搜索引擎中排名第二，意味着实际上每个人在看到这篇极具煽动性的文章后都会围绕公司的产品或者品牌进行一番搜索。如果你身处其中，只要能化解这个问题，什么事情都愿意做。

那么，我们是怎么做的呢？利用 i-Cubed 系统具有的数据信息丰富、分析深刻和影响力巨大等优势，举办了一场社会化媒体活动，目的是用与公司有关的准确的、透明的、有益的信息占据网络。我们全力以赴，利用 YouTube、领英、推特、脸书、Flickr，甚至风格不同的博客，在道德、坦诚、透明的原则下，提供了关于该公司及其产品的准确信息。

需要强调的是，我们为这个品牌所做的一切事情都是问心无愧、光明正大的。我们开通的每一个博客、发布的每一篇博文都是支持我们博客的发起人（我们的客户），我们竭力避免使用任何黑客技术篡改谷歌的搜索结果，为了让人们对于真实的情况有更客观、更公平的看法，我们做得最多的事情就是与尽可能多的人分享关于商品的准确信息。

效果如何呢？公司在谷歌搜索首页中控制着超过 65％的网上言论，我们用"控制"这个词，不是想说互联网上充斥着的公司的销售腔调——这样会适得其反。相反，互联网上充满的是关于这家公司的产品和业务良好、有用、准确的信息。

研究表明，超过 70％的人使用谷歌搜索时，首页以外的信息都不会对其产生吸引，如果关于你的公司、产品或服务的信息在首页以外——无论是第 2 页还是第 200 页，一样糟糕——人们就不会对你的品牌有完整的认识。如果你发现自己正处于这样的状况，为了解决问题、改变现状，一定要迅速采取措施。

本章的理念是需要牢记于心的，需切记，理解其中的含义固然重要，但更重要的是把它们运用到实践中，因此要始终监测每一个落实的步骤，为了能够坚持到底，你可以让一个有责任心的伙伴知道你的终极目标。

小结

关键理念　在社会化媒体中你有两个选择：一个是无视网上对你品牌的讨论，另一个就是积极参与讨论。

行动方案　选择参与网上讨论时，言论要做到有建设性，语气温和，特别需要注意的是信息一定要准确。

关键理念　许多公司能帮你获得网上那些关于你的品牌的数据。

行动方案　开始收集与这种讨论有关的数据，许多资源都有免费的入门级版本供你使用，最重要的是，从数据中提取有用的信息，以便你能对你的活动做出调整和改善。

关键理念　i-Cubed 是关于信息、分析和影响的系统。

行动方案　确保你会在下一个社会化媒体活动中采用这个简单的系统，收集信息，分析数据，追踪结果，以便你能够评估它们对你活动的影响。

HOW TO MAKE MONEY WITH
SOCIAL
MEDIA

第三部分
如何利用社会化媒体平台赚钱

08
社会化媒体平台的三大类型

社会化媒体活动就像一个雪球，一旦开始滚动，就会越变越大。凭借辛勤的工作和一点点好运，你的社会化媒体活动最终将创造属于自己的循环动力。当这一切发生时，你就将别人远远地甩在后面了。

问题是很多人不理解循环动力这个概念。有效的社会化媒体活动可不仅仅是上传一段 YouTube 视频或者创建一份领英旺铺介绍，而是能够打造无数条让你和客户/潜在客户建立联系的广阔渠道。

一定程度上，提供的渠道越多，你就越有可能制造足够大的循环动力，从而转化形成真实的活动成果。我们可以把它近似想象为一场火灾（虽然是个不太适合的比喻，不过很贴切）。如果你的房子着火了，你有以下两个选择：（1）立刻用花园的橡胶软管接水灭火；（2）报警，使用消防队数十个专业的消防水龙灭火。

如果你选择用自家的橡胶管灭火，说实话，用和不用没什么差别，所以还是省省你的钱和时间吧。但是如果你决定打电话报警，那就赶紧打吧。消防员能起到真正的作用并且有希望挽救你的房子。

这个道理同样适用于社会化媒体活动。如果你对于社会化媒体活动的认识只是申请一个推特账号，然后每天更新，别麻烦了，它不会产生任何你想得到的吸引力，所以不值得投入精力。

不过如果你是很认真地看待社会化媒体的成功，那就得实实在在地努力了，拓展你的社会化媒体活动的深度和广度。所谓深度就是深入到每一个社会化媒体平台中，并投入实际的精力。所谓广度就是在尽量多的平台上开展社会化媒体活动，而不仅仅是一两个。

社会化媒体活动引发了一个问题，那就是在工作中你要为其额外地分配多少"带宽"，你怎么能在已经满负荷的工作日程中再增加新的工作，并期望还可以把它做好呢?

答案就是你将不得不为你的媒体活动成本分配营销预算。尽管你不愿意听到这个答案，但社会化媒体并不是免费的。虽然有一些是免费的（例如上传一个 YouTube 视频），但其他诸如产品研发费用和劳务费是存在的。

社会化媒体不仅仅是上传一个 YouTube 视频，也不仅是创建一个脸书页面，这些的确是社会化媒体活动中的要素，但它们并不是唯一要素。好的、可靠的、可行的社会媒体活动可以跨平台，需要时间、金钱的支持，并且要专注于此直至成功。

工具与技巧 ————————————————————————▶

　　你是否在寻找能将社会化媒体工作流程传播给成千上万员工的方法呢？如果是，那么试试EveryoneSocial这个网站吧，它将员工变成了社会化广播员。这个网站允许用户查找引人入胜的内容并分享给自己的粉丝，或者给用户推荐能分享的文章或者网站。EveryoneSocial可以把每一位员工变成你公司的宣传大使，这不失为一个好的传播方法。

三大类平台：社交型、推广型和分享型

　　我们筹划的成功的社会化媒体活动就像是一个雪球，有无限潜力可以释放。需要指出的是，成功的社会化媒体活动要有深度（认真的、协同的工作）和广度（在广泛的平台上传播）。那么现在我们谈谈社会化媒体的三大类平台：社交型、推广型和分享型。

　　现在有数百种社会化媒体平台在运营，本书无法全部涵盖。然而，我们可以列举出每个种类中最受欢迎、最相关的平台实例。通过将这些平台分类，你可以确定最适合自己使用的工具。

　　你会注意到有些工具可以归属于多个分类。比如说，领英

属于社交型平台，但是同样可以用于推广，为了简单起见，我们把每一个工具只分配到一个类别中。

接下来我们会对每类工具进行更深层次的研究，首先来看一下那些可以帮你与人沟通的工具。环顾四周你就能发现一大堆这样的工具，有些你可能还非常熟悉，比如领英、脸书、Google＋、Pinterest 和推特，其实这类工具可不止这些。手机上的社交 App，例如 Instagram，Vine 和 Snapchat，同样是非常优秀的社交软件，让你能够以专业的（或者一般的）水准和别人联系。Classmates 和 MyLife 可以帮你找到认识的人，你也可以看到谁在找你。Ning 和 Socialcam 可以帮你在网上与别人分享你的生活，同样是很棒的工具。

社会化媒体洞见 ────────────────────────────────▸

　　社会化媒体并不免费。硬成本和软成本都会涉及，重要的是只有把这些成本纳入你的指标中，才能准确地测算出你的社会化媒体活动的投资回报率。

────────────────────────────────────

可以用于推广的社会化媒体工具也常用于销售和营销。你可以用它们为网站或者社会化媒体频道吸引流量。这样做，使用社会化媒体就不仅仅是建立沟通意识，而且是在推动交易形成。商业的最终目的不就是创造收益吗？

有些众所周知的社交型工具，你也可以用来帮助自己推广，如 YouTube、Pinterest 和脸书。其他一些杰出的推广型工具包括 Picasa（照片分享和编辑），Tumblr（社区型博客）

和 Google＋。

　　使用社会化媒体来推广产品和服务是一门学问，这方面我们之后会讨论，但是需要认识到拙劣的宣传有时会适得其反。社会化媒体是参与和加入。参与到未来、与客户建立密切联系的最好方式是软推销，即为了达成未来的销售合作，为客户提供对他们真正有用的产品，从而最终密切你们之间的联系。

　　就像谈恋爱一样，首先你要建立彼此间的信任和约定。经过几次轻尝浅啜的晚餐约会，建立起信赖和婚约之后，你就可以带着伴侣回家见父母了。

　　分享型的社会化媒体工具和社交型、推广型的社会化媒体工具一样重要。分享是社会化媒体从业者的主要行为。分享（信息、操作技巧、感悟）其实也是在建立一种联系，随着时间推移，这种分享可能发展成业务。

　　大家最为耳熟能详的分享工具有 Instagram，Vine 和 Snapchat，这些都以分享家人朋友的照片、视频为内容。但是社会化媒体分享工具远不止这些，还有 SlideShare（幻灯片分享）、维基百科（Wikipedia，信息分享）以及 Yelp（用户评论分享）等。

　　分享型工具面临的现实是，它们是社会化媒体活动的重要组成部分，需要花费更多的时间来获得支持。正因如此，很多营销人员为了商业交易，在深度参与分享型平台前，会专注于社交型平台和推广型平台。

有效利用各类平台

另一个重要的问题是，哪些工具是与商业用途最相关的，还有哪些工具需要最频繁的更新（从长远角度看）。

图 8.1 的 2×2 矩阵图可以方便地概述这个观点。为便于理解，我们假设你正使用社会化媒体赚取收入，而不是用来和朋友聊天。你可以多方面对比专业型和非专业型工具，还有那些需要经常更新的工具。

**图 8.1　有效利用社会化媒体涉及理解
如何最大限度地利用好每个平台**

领英不像脸书一样有各种各样的注意事项，所以你可以设置之后不用再管。不过别以为这样你就可以高枕无忧，这只是意味着你可以不用像对待脸书一样时时更新而已。

推特，这个万人迷网站当然要求频繁更新。如果你正常使用它，那你需要每天更新 10～15 次。记住，推特可不是用来告诉别人你"刚喝了杯咖啡"或者"早上又堵车了"这样的事，它应该分享那些对你的粉丝有帮助的信息。分享货真价实的东西，人们才会为你的推文点赞。

当你有一个新的视频上传，你就可以更新自己的 You-Tube 主页。记住，商业上使用 YouTube 是为了提供对大家有帮助的视频信息。达到这个目的的最好方法就是制作说明和通知性的视频，你可以每周或几周更新一次你的 YouTube——当你有新视频分享内容时。

社会化媒体洞见 ─────────────────────▶

数据也许稍有出入，不过经验告诉我们，时常更新的博客比不常更新的博客在搜索引擎上的排名更靠前。所以如果你有自己的博客，最好每周更新2～5次。

如果你有一个公司的博客账号，也需要定期更新。还有在 SlideShare 上上传你最好最出彩的内容也很重要。

小结

关键理念 社会化媒体活动就像滚雪球，付出的努力越多，获得的影响越大。

行动方案　别以为每天花上 10 分钟你就能做好社会化媒体活动。好的社会化媒体活动是一个不间断的过程，要求定期关注。

关键理念　社会化媒体工具分为三个类型：社交型、推广型和分享型。

行动方案　识别出哪一类平台与你的潜在客户和客户最相关，确保你使用的平台不止一两个，但是如果超过 10～15 个就可能有些"贪多嚼不烂"了。

关键理念　不同工具的更新频率不同。

行动方案　在选择社会化媒体武器之前，你应该认识到每一个社会化媒体工具所需的工作量。在使用前，做一个精力的投入产出比分析。

关键理念　实际生活中有些工具很随意，有些则十分专业。

行动方案　随意和专业的工具你都会需要，做好两者的平衡会使你的客户/潜在客户对你的品牌有更丰富、更多姿多彩的体验和感受。

做实社会化媒体营销的两个终极工具

什么是社会化媒体？之前我们提到过，它是一种数据工具，让你与客户/潜在客户进行双向交流。根据这一定义，难道电子邮件和营销自动化不是社会化媒体的一部分吗？

简而言之，答案是肯定的，虽然许多人认为电子邮件和营销自动化工具是各立门户的，我们仍然认为它们是社会化媒体的一部分，为什么呢？因为它们都是一种数据工具，能让你和你的客户/潜在客户进行交流，而这就是社会化媒体的全部。

你一定已经非常熟悉电子邮件了，因为你每天都会收到几十封甚至上百封的邮件。然而如果你对营销自动化不甚了解，你可以把它想象成注射了兴奋剂的电子邮件。换句话说，它就是附加了林林总总功能的电子邮件营销，能帮助你培育消费意愿，把它们转化为潜在客户。

这两种方法都非常重要，因为例如领英、脸书、推特和

Google＋这类社会化媒体工具对于和客户/潜在客户建立联系是非常有帮助的，但是不擅长转化潜在客户，当然也有一些案例中的社会化媒体被用来直接转化潜在客户，但是在更多的案例中，社会化媒体只是作为品牌和客户关系管理的工具。也就是说，它只是让潜在客户对你的品牌产生兴趣进而参与交流的方法，以便日后把他们转化为客户。最困难的工作——最后的一公里——往往是通过电子邮件营销和营销自动完成的。

社会化媒体活动的　"最后一公里"

典型的方法包括使用社会化媒体吸引潜在客户的注意，吸引他们到网站浏览。这是"60 秒营销人"使用的营销模式，即为我们的营销机构开通"60 秒营销人通讯"博客。我们利用推特、脸书、领英、Google＋、Pinterest 和其他工具吸引人们的注意，并吸引他们回到 60 秒营销博客，再继续向他们二次营销。

我们经常进行网页对比测试（A/B 测试），看看哪些社会化媒体的头条获得的点击最多。通过比较两个不同的标题，能洞察受众的感受，更重要的是提高广告点击率。

在我们指导的网页对比测试中，我们原以为下面的标题是颇具吸引力的：想知道怎样计算社会化媒体活动的投资回报率吗？关于这个话题我们写了免费的电子书……

帖子的点击率是 1.17%，超过了推特上拥有 10 万名粉丝的帖子点击率（通过 SignUp. to 的研究发现，拥有 1 000～5 000名粉丝的推特帖子的点击率是 1.45％，而拥有超过 10 万名粉丝的点击率则下降到 0.45％）。

注意，值得一提的是创造点击率只是成功的一半，另一半是访客的转化。

转化率很大程度上取决于业务种类，因此你会把结果与同行相比较，如免费的电子书在终端会有 5％～15％ 的转化率；而销售移动电话、跑鞋或其他产品和服务，转化率会非常非常低，通常只有 0.05％～1.0％。

无论你的转化率在终端有多少，你都要坚持不懈地在前端检测你的方法直到成功，换句话说，你一定想知道到底是哪种社会化媒体头条能吸引最多的点击率到你的博客、登录页面或网站，这涉及我们前面提到的网页对比测试。

以下是我们进行的网页对比测试中的另一个标题：学习怎样计算社交媒体活动的投资回报率，下载这本 20 页的电子书 @AskJamieTurner：bit. ly/HWaKKj

第二个标题和第一个相比如何？第一个标题带有暗示性，第二个标题直截了当。我们几乎怀疑这两个标题的点击率是不是弄反了，换句话说，我们本以为写标题时用疑问句的语气要比陈述句的语气好得多，可是第一个标题获得 1.17％ 的点击率，而第二个标题获得 2.18％ 的点击率。

我们对两种不同的标题进行测试还是非常值得的。第二个标题包含的几个因子，如 "@AskJamieTurner"，可能也是导致更高点击率的原因。随着你在网页对比测试方法的陪伴下前进的每一步，你可能更愿意每一次关注一个变量。其实每次只关注一个变量，更容易看出是什么引起了点击。

社会化媒体洞见 ————————————————————▶

转化率根据你想达到的不同目标而有所不同，如果你提供免费的电子书，你可能期望有 5%～15% 的转化率。但是，如果你卖的是有形商品，你的转化率可能是 0.05%～1.5%，所以转化率取决于你卖的是什么。

就像前面提到的，登录页面的点击量只是竞争的一部分，在登录页面就把潜在客户变为用户是竞争的另一部分。在一些案例中，你可能竭尽全力地出售你的产品或服务，然而有些东西你也可以通过电子商务来出售，也就是说在大多数情况下，你的目的不是利用社会化媒体尽量出售商品，而是和潜在客户建立联系以期日后把他们转化为你的客户。

怎样才能做到这点呢？

最有效的方法是给潜在客户提供有价值的东西，当潜在客户对你越来越熟悉时，再向他们介绍你的产品和服务。而摩擦如同路障，它会削弱潜在客户对你的兴趣。

高摩擦的典型例子就是提供免费体验，但为了获得免费体验，客户需要提交信用卡号码，这就是严重的摩擦，只有终端提供的是高价值的产品或服务时，高摩擦才有作用。换句话说，如果你提供 30 天免费访问市场价 1 500 美元/月的企业级社会化媒体管理系统，那么用户可能愿意提交信用卡号码，因为用户感觉不花钱就获得了价值 1 500 美元的服务。但是如果你销售的是市场价 49 美元/月的社会化媒体管理系统，要用户提交信用卡号码就非常困难了，这将在终端大大降低你的转化率。

　　吸引潜在顾客的最常见方法就是给他们提供免费电子书、免费的测试、免费的在线研讨会，或者是免费的软件工具，让他们对你的品牌感兴趣，从而记住你。就像本书前面提到的，这种方法被 HubSpot 公司不断完善，该公司已经用这个方法取得了巨大的成功，人们称这种方法为集客营销，有时候也被称为内容营销。

　　无论你怎样称呼它，方法是都是相同的，这个方法就是让人们登录页面时填写表格，以便享受免费信息。在 60 秒营销人的案例中，我们执行的最好的一个服务是提供了由《社群新经济时代》和《数据领导》的作者艾瑞克·奎尔曼和本书的作者之一杰米·特纳撰写的《企业福音——83 个最佳社会化媒体和移动营销工具》的免费电子书。

　　当人们下载《企业福音——83 个最佳社会化媒体和移动营销工具》时会发生什么？作为下载电子书的额外奖励，我们把他们注册到免费电子快讯列表，免费电子快讯一星期发行三到五次，提醒 60 秒营销人社区的成员在博客上刷新帖子。

　　这样做的意图是促使人们回到我们的博客，促进他们对 60 秒品牌保持兴趣。就是这种兴趣使得几件事情水到渠成：

1. 他们最终雇用 60 秒营销人作为他们的代理商。

2. 他们会在活动中邀请杰米·特纳或列什玛·沙阿去演讲。

3. 他们使用 60 秒营销人的电子邮件程序给我们的读者打广告。

只有博客能够提供足够的免费和有趣的信息，人们才会想要回来。我们曾测试了近千个不同的博客标题，看看这些广为人知的标题吧：

1. 没有人会告诉你的社会化媒体真相。

2. 当我知道 WordPress 网站的致命缺陷时我震惊了。

3. 忘掉你所学的搜索引擎优化，记住这个。

4. 在营销中最强大有效的 14 个字。

你会注意到标题是精心设计的，以引起强烈的情感回应。换句话说，我们要尽量避免例如"脸书网对热情的评论做了最新的更新"这样的标题，因为这样的标题没有提供任何有价值的东西，又比如"60 秒传播公司雇用了新的员工"，等等。

我们注重的是应该给用户提供有实用信息的标题，用户能利用其中的信息开展业务。同样重要的是，我们要撰写发人深省或具有醍醐灌顶作用的标题，或者能提高点击率吸引人们回到博客的标题。

社会化媒体洞见 ──────────────────────────➤

任何电子快讯项目的目标都是增加自己网站的浏览量回流，为什么这样说呢？潜在客户光顾你的网站或博客的次数越多，他们越有可能变为用户。当你鼓励访客访问你的网站时，潜在客户就会和你的品牌成为朋友，并最终会从你这里买走商品。

用电子邮件营销和营销自动化转化潜在客户

现在你知道我们怎样用社会化媒体去吸引访客并让他们访问 60 秒营销人的博客了，你也可以用相同的方法来改善你的博客或网站。然而仍有个重要的问题，那就是要怎样实现一个循环。换句话说，我们的最终目标是在不同的业务中吸引人们的注意，该怎么做到这点呢？

该电子邮件营销和营销自动化登场了。这些工具被设计用来持续吸引客户/潜在客户访问你的网站，这样做的好处就是随着时间的推移，潜在客户会变成你的品牌、产品和服务的忠实拥趸。

正如我们前面提到的，60 秒营销人博客的最终目标是让人们雇用为代理商，雇用杰米·特纳或者列什马·沙阿在活动中发表演说，或者是通过我们赞助的电子邮件程序向 60 秒社区成员打广告。

这不是贸然地让访客去访问博客，因为我们不想在早期使用硬推销。相反，我们会着重于建立联系，培养信任感，以便当人们面对和我们相同的产品或服务时，更倾向于购买我们的。

你能用许多不同的工具来完成相同的事情，下面我们简单介绍一些知名的电子邮件服务提供商（后文还会介绍营销自动化公司）：

■ AWeber——最受尊敬的电子邮件服务提供商之一，它有着严格的指导方针，代替客户把电子邮件中的有用邮件和垃圾邮件分离开来。

■ Constant Contact——也是市场上一个众所周知的口碑良好的有力竞争者，Constant Contact 运作了许多国内的大型活动，目的在于让人们了解电子邮件市场的益处。

■ Emma——你为你的设计和创新技能感到骄傲吗？Emma（MyEmma.com）可能很适合你，设计精良的模板和创造天分就是 Emma 与其他电子邮件服务提供商的不同之处。

■ GetResponse——超过 30 万名用户在使用 GetResponse。其中包括许多非常著名的品牌，例如，万豪酒店、葛兰素史克和《男士健康》杂志。GetResponse 是另一个受人尊敬的服务提供商，

■ iContact——沃开思（Vocus）旗下一整套完整健全的、特别针对中小型企业的工具。如果你正在寻找一个有许多附加功能同时不收取附加费用的营销自动化软件，那么 iContact 将是你的不二选择。

■ MailChimp——你怎么能不喜欢一个以黑猩猩做吉祥物的电子邮件服务提供商？他们干净整洁的网站页面和专注于给消费者提供服务的精神是受用户推崇的重要原因，所以很多人

把 MailChimp 放在电子邮件服务提供商列表的榜首。

对于需要简单、划算地保持消费者对品牌吸引力的企业而言，上面提到的电子邮件服务提供商提供的工具几乎是无可指摘的。但是如果你已经准备前进到下一步，也就是说，如果你打算使用有许多特性的自动化系统，那么你可能想探索一些下面提到的营销自动化软件提供商。

电子邮件提供商和营销自动化软件之间最大的区别是什么？有趣的是，对于电子邮件的接受者来说并没有太大区别。貌似如此，可到底是什么使营销自动化软件和简单的电子邮件营销软件不同呢？

如果用最简单的方法来描述营销自动化软件，即营销自动化软件是有营销思维的电子邮件。该软件运用了一整套逻辑和规则，被设计用来在潜在客户做决策之前，将触发性邮件发送给他们。不同的邮件发送给不同的潜在客户，依据的是他们在销售漏斗中所处的位置。

例如，如果有人每六个月点击 1 次你的电子快讯，那么与那些每六个月点击 20 次的人相比，前者更可能对你的产品或服务没有兴趣，对不对？因为被你的品牌吸引才会点击 20 次，而他们的兴趣则可以通过有规律地访问你的网站显示出来。销售自动化就是让你具有判断访问你网站 20 次的人在销售漏斗中的哪个位置，并在他们的行为基础上发送针对性信息的能力。

上面的内容已经很清楚了，如果你已经准备好采取下一步行动，那就让我们来看看那些你可能想了解的营销自动化公司。

■ Act-On——它的目标是《财富》5 000 000 强，这意味着在非《财富》500 强企业当中，对于 99.99％的企业而言，它都很适合。它深受尊重，因为提供了一个简单好用的平台，在这里有大多数企业需要的一切东西。

■ Eloqua——现在是甲骨文（Oracle）云销售的一部分，Eloqua 是营销自动化产业中的知名公司之一，界面干净简洁，平台运行良好，许多享誉世界的知名品牌都在这里交易。

■ ExactTarget——现在属于 Salesforce 公司旗下，它是营销自动化产业中最出名的公司之一，它以电子邮件服务提供商的身份起步，逐步把服务重点转移到营销自动化空间，现在已经是该服务的主流提供商了。

■ HubSpot——HubSpot 既是营销自动化软件，也是博客平台，还是分析平台——全能的平台。HubSpot 做了大量的工作升级其平台，持续不断地提供越来越多的可选功能，同时成功避免了平台变得越来越复杂而不易使用。

■ InfusionSoft——最著名的视觉运动管理者，能让你快速轻松地拖放下一个活动，InfusionSoft 在全球有超过 7.2 万人使用。它有非常好的声誉，在销售市场中广受众多有思想的领导者喜爱。

■ LeadLife——由营销自动化的祖师之一理查德·布洛克

创立，LeadLife 对于那些喜欢无缝营销的中小型企业是再理想不过的简单易操作的平台。LeadLife 也向那些提供营销自动化代理品牌平台的代理商提供用户的"白名单"。

■ Marketo——非常著名的营销自动化平台。用户包括现代集团、美国养犬俱乐部和 Curves，哈佛商学院也在使用。

■ Silverpop——最近被 IBM 公司收购，这是个强大的、功能齐全的平台，开创了行为销售的新时代。

小结

关键理念 电子邮件营销和营销自动化是能够让公司与客户/潜在客户双向交流的数据工具。

行动方案 思考一下哪个工具适合你：简单的电子邮件营销，还是强大但是昂贵的营销自动化工具。

关键理念 电子邮件营销和营销自动化允许你关闭与潜在客户的环路，并将其转化为客户。

行动方案 你的头脑中要时刻有培养消费意愿的概念（发现消费意愿的线索就在你与潜在客户进行交流的数据记录中），通过和他们进行意见交换，你就能逐渐把你的产品和服务介绍给他们。

关键理念 最后，你的目标是转化潜在客户。

行动方案 开始用电子邮件营销或者营销自动化将潜在客户召

回到你的网站，通过这样做，他们会对你逐渐建立信任感，当潜在客户信任你的时候，他们中的大多数最终会变成你的顾客。记住，如果你的业务使用了社会化媒体，所有的方法最终都将指向投资回报率。

10

利用社交型平台增加销售和收益

你是一名农民。这种说法可能会让你感到惊讶，尤其当你是在纽约的公寓或西雅图的星巴克读到这一说法时。然而这正是事实，无论从事服务业还是制造业，我们都是在商业的农场上耕耘。

为什么这么说呢？因为对于任何行业，要想生存，都需要销售和收入；要想有销售和收入，必须要有客户；要想有客户，就必须要有潜在客户。

怎样获得潜在客户并把他们转变为客户呢？我们知道只有一个方法能够实现这个转化：今天播种商业的种子，明天才会有丰厚的收获。

如果你是房地产经纪人、餐馆老板或者室内设计师，你必须现在就和人们进行联系，以便将来会有顾客光临。

如果你是会计师、律师或者牙医，你必须现在就和人们进行联系，以便你将来会有顾客光临。

如果你是网站设计师、建筑师或者摄影师，你必须现在就和人们进行联系，以便将来会有顾客光临。

如果你从事汽车、船只、房车、灯具、工具、食物、小摆设、衣服或者 CD 等的销售，你必须现在就和人们进行联系，以便将来会有顾客光临。

最重要的就是今天播种以便明天收获劳动成果。如果在如此共识的基础上，我们居然没有播下种子，那么最终就会因为没有足够的客户而倒在路上。

好消息是，社会化媒体对那些懂得"今天的作为将决定明天的成就"的人来说，是最好不过的工具。最为奏效的办法是建立企业与未来顾客之间的联系，才有可能保证日后顾客盈门。

工具与技巧 ————————————————————→

想要知道你的竞争对手在网上正做什么吗？如果你想，可以看看 Rival IQ，它有通知功能，当竞争对手在社会化媒体上的帖子数量异常多时，它会提醒你。

谁在用社会化媒体

有多少企业现在正在使用社会化媒体以便将来拥有顾客？一项研究表明，超过 70％的世界 500 强企业有脸书账号，超过 77％有推特的旺铺介绍。另一项研究发现 81％的中小型企业在使用社会化媒体。

但是调查也发现个人和企业正以更广阔的视角看待通过社会化媒体使用的网络平台。正如我们提到的，社会化媒体不仅仅是为大家所熟知的那几个工具，而是经过深思熟虑的战略框架下有意实施的一系列工具。

仔细看看一些可用的网络平台及其各自的优点和缺点（回想一下，我们的社会化媒体分为三类：社交型、推广型和分享型）。以下列表虽然不完备，但基本涵盖了最顶级的工具，我们看看如何通过社会化媒体使用它们。

■ 脸书网——在哈佛，马克·扎克伯格为他的同学从宿舍里走上了他的脸书之路。今天，脸书网已经妇孺皆知。优点：被总人口中数量最大的那部分广为接受。缺点："活"在脸书上的年轻一代还能够与老年人做朋友吗？

■ Google＋——这是个新生事物，但对脸书以及其他平台构成了严重威胁。因为它简单易用，干净简单的界面使得朋友、家人和商业伙伴间的联系易如反掌。从长时间的运营来看，Google＋是历史上发展最快的社会化网络。优点：易用性和整洁的环境。缺点：来自其他声誉卓著的社会化媒体的竞争激烈。

■ Friendster——联系对你来说一切重要的东西：爱好、兴趣、事业、商业等。优点：简洁的页面易于使用。缺点：接受度不如其他平台，可能导致业务量下降。

■ hi5——这是一个社会化网络平台，比领英出现得晚。用户可以玩游戏、看视频、聊天、赠送礼物或者只是浏览。优点：对年轻群体而言，这是一个庞大的替代 MySpace 或脸书的平台。缺点：对于商业活动来说可能不是最好的社会化网络平台。

■ 领英——这里是精英人士的聚集地。领英自 2003 年开始出现在人们的视野，用社会化媒体的行话说是"创世纪"。优点：人数众多。缺点：很多人在上传了自己的商业信息后不知道还能干什么。

■ MyLife——一个界面干净简洁的网站，帮助人们和家人、朋友或者其他人之间保持联系，有超过 7.5 亿名的用户。优点：简单易操作的界面是优势之一，如果你想以一种简单的方式和老友获得联系，这是个不错的地方。缺点：没有像其他网站一样被广泛使用。

■ Ning——这个网站连接的是一群有特殊的兴趣、话题和爱好的人。由马克·安德森建立，他帮助启动了 Netscape。优点：非常有助于联系那些对你专业领域感兴趣的人。缺点：用户界面简单整洁到用户接触伊始会感到非常困惑的地步。一旦你弄明白了其运作方式，它其实是一个非常实用的工具。

■ Plaxo——目前拥有的地址信息超过 4 000 万条。帮助人们通过控制面板"Pulse"及时看到认识的人在所有网站上共享的内容。优点：图表界面易于用户使用。缺点：不如领英这样的网站使用广泛。

■ XING——在全球拥有超过 800 万名用户，有超过 3.4
万个专业分组和每年超过 15 万次的在线现场交流活动。优点：
定期在平台上增加新的内容。劣势：不如领英这样的网站使用
广泛。

快速入门指南

我们假设你是那种喜欢现学现用的人。换句话说，现在你
已经学习了社会化媒体工具，决定随身携带它们去大干一场。
如果听起来不错的话，那么看看下面的快速入门指南，毕竟，
心动不如行动！

快速入门指南 ————————————————————▶

该快速入门指南中列出的步骤提供了一个很好的使用社会化媒体的
方法，但是要记住，优秀的社会化媒体活动执行的是长期目标，而不是
短期目标，并且要迅速出击。

1. 建立你的目标。你有兴趣让你的电子商务网站吸引流量吗？或者
为你经营的专业服务带来更多消费意愿？又或者你可能仅仅对建立企业
的理念感兴趣。弄清楚这一切，你就可以进行第二步了。

2. 与客户/潜在客户换位思考。不要在没有弄清楚客户/潜在客户为
什么对你的商品感兴趣时就开展社会化媒体活动。这对他们有什么益处
呢？如何了解他们的最大兴趣所在呢？通过和你的接触他们能学到什
么呢？

3. 起初要把精力集中在少数的几个平台中，首先将公司的资料介绍

放到领英上，然后打开脸书页面，紧接着创建一个推特账号或 Google＋账号。除非你已经做了许多准备，否则不要做任何事；除非你准备要用到那些资料，否则不要在任何社会化媒体上放置资料。

4. 吸引人们前往你在领英、脸书、推特平台上的页面浏览。记住，社会化媒体这种渠道和电视相似——那就是用你的特别之处吸引观众。如果你打算让人们光临你的频道，你要确保人们有来的理由。他们能获得有用的信息还是白皮书？他们能参与抽奖还是能赶上促销？他们被引导到一个博客，这个博客对他们有用吗？

5. 重复步骤4，我是认真的，在你重复步骤4并花费大量资源让人们到你的领英、脸书、推特频道之前，不要有任何打算。

6. 定期更新内容。现在你已经让首批受众去了你最新上传的频道，你要经常上传新的让他们感兴趣的信息。记住，你的目标是要和你的客户/潜在客户建立长期的合作关系，所以你上传的东西要确保对受众有用。

7. 在找到其他平台之前确保你初建的频道一直运行。在第一批频道运行顺畅而且你能持续地更新它们之前，不要向其他社会化网络转移。在你做好所有准备之后，你就能尝试性地转移那些对你的工作有帮助的平台了。记住，在你开始做生意之前，关键是要建立或者重建与客户/潜在客户的联系，但是，当联系建立好时，你要问你自己"我说过我卖保险吗？"或者问"你看见我的电子商务网站上在卖优质咖啡了吗？"

小结

关键理念　在商场中，每个人都是"农民"，所以无论你卖汽车、保险、保健用品、健身器材或者是工具，这都没有关系，因为我们都是今天播种明天收获。

行动方案　今天你就开始播种吧，明天你的销售和收入才能有所增加。

关键理念　一些社会化媒体工具是社交型的，包括领英、脸书、推特和 Google＋。

行动方案　访问那些你不熟悉的社会化媒体网络工具（除领英、脸书、推特和 Google＋之外），继续做吧，只需五分钟你就可能眼前一亮。

关键理念　学习了本章社会化媒体快速入门指南教你的方法，一定要趁热打铁！

行动方案　如果你有兴趣及时投入，那就继续读完快速入门指南，但是不要以为书中写的就是全部内容，出色的社会化媒体项目活动的完成是长期的，要用战略的眼光来看待。快速入门指南只是给了你启动和运行的指导，但对于长期的成功来说，仅仅有这些是远远不够的。

11

利用推广型平台增加销售和收益

　　如果通过社会化媒体平台不能促进产品和服务的销售，那你筹建、启动并开展那些社会化媒体活动又有什么意义呢？毕竟，社会化媒体活动的一大理念就是与客户/潜在客户建立联系，让他们愿意更频繁地花更多的钱买更多的东西。

　　按照这样的思路，让我们来看一下那些能帮助你促进产品和服务销售的社会化媒体平台。前一章里介绍的那些社会化媒体工具对你的网站很有帮助，现在该前往那些能推广你品牌的社会化媒体工具了。

　　在开始谈论细节之前，我们要高屋建瓴地看看利用网络媒体推广产品和服务的目的是什么。大多数人犯的最大错误就是，他们使用社会化媒体的方式和使用传统媒体的方式如出一辙。他们认为社会化媒体只是被设计用来宣传商品和服务的广播剧，很难相信现在还有人以这种思维方式使用社会化媒体，但确实大有人在。

使用社会化媒体的正确方法就是和你的客户/潜在客户进行交流。交流是你一言我一语，绝非某一方自说自话，因此，如果你利用 WordPress 开通一个关于你公司的博客，就要鼓励人们在上面留言评论，推送你的帖子，让他们在自己的博文中讨论你的帖子，还要做一些其他的事情给自己的公司造声势，以及我们前面章节中提到的滚雪球效应。记住，秘诀就是要"制造噱头"，通过对产品和服务的造势和炒作，你所创造的雪球滚动般的能量就会越来越大、越来越好。

我们快速浏览一下那些能促进你推广产品和服务的社会化媒体平台。尽管清单不甚详尽，但是也会在社会化媒体体系内帮助你熟悉一些比较知名的推广工具。

■ 必应（Bing）。严格说，必应、谷歌和雅虎不是社会化媒体平台，但它们确实是可以用来推广产品和服务的工具，所以我们把它们也纳入其中。利用任何搜索引擎促销产品和服务的技巧都是相通的，所以要优化网站以便让搜索引擎能够捕捉到它。通过优化网站，人们在搜索特定的话题时就会给你的网站带去访问量。优点：必应用的是智能搜索，在搜索时和用户更相关。缺点：和谷歌的竞争是一场旷日持久的战争。

■ 博客平台。博客兼具推广和分享的功能。把博客放到推广型是因为我们的最终目标是提升业务，而不是简单地分享个人更新。有许多工具被用来创建博客，比如 Blogger，Tumblr 和 Xanga，这些简单的平台对那些想制作简易的关于度假、公司介绍或者是家庭聚会的博客的人来说是非常有帮助的。如果你准备创建一个能增加你网站搜索引擎优化值的、内容更加丰富的博客，那么你应该使用 Joomla，Drupal，Typepad 或者是 WordPress 这类工具，因为这类博客平台是用来制作专业博客的。

■ 讨论版和论坛。你有兴趣创建一个在线论坛吗？在那里众多的论坛社区成员彼此可以交流经验，提供建议。最著名的论坛有 Lefora，Zoho，Drupal，PhpBB，Simple Machines，Vanilla，JavaBB 和 vBulletin 等。优点：在和客户/潜在客户建立联系方面是一种非常好的方法。缺点：需要投入持续的时间和精力以维持正常运行。

■ 谷歌。严格地说谷歌不属于社会化媒体平台，不过确实是能给你经过优化的网站带来更多访客的社会化媒体工具。优点：易用性和普遍性。缺点：它在传播自己的品牌时跨越了太多的渠道吗？这使得人们困惑了吗？（答案：可能没有，但我们正在努力找出谷歌的缺点。它做得如此之好，以至于很难找出什么是它不擅长的。）

■ 电子邮件营销平台。在社会化媒体范畴，电子邮件经常被忽略，但是如果你把社会化媒体定义为能帮助你与客户/潜在客户进行交流的工具，那么电子邮件就应该属于社会化媒体这一类。流行的电子邮件营销工具包括 AWeber，Constant

Contact，iContact，ExactTarget 等。优点：对于和客户/潜在客户的连接，电子邮件是一种高度可测量的方法。缺点：如果你打算这样做，那么需要你协同的、不断的努力。

■ Flickr。这是一个用来提高产品网页知名度和流量的图片分享网站。无论你是售卖服装、网球拍还是装饰品，你都需要 Flickr 的帮助：（1）建立人们对商品的认识；（2）给你的网站增加流量。优点：简单好用、用户界面干净。缺点：图片共享固然很重要，但是在你开展的社会化媒体活动中，它不是最重要的事情。

■ Howcast。如果有个网站，对你选择的主题配有视频讲解，那会不会很酷？Howcast 就是这样网站。它是 YouTube 主要的竞争对手。优点：上传高质量内容的一个好网站。缺点：被公众默认的依然是 YouTube。

■ iTunes。iTunes 不是唯一一个播客网站，但确实是最有名气、最受欢迎的网站。如果你正在采访业内专家或是正在创作迷你广播节目，在 iTunes 上就可以实现。优点：这是个非常知名并且有声望的平台。缺点：如果你没有创作出引人注意的内容，人们就不会再光顾了。

■ 聚友网（MySpace）。聚友网是社会化媒体的鼻祖。现在它主要被当做人们感兴趣的音乐或者流行文化网站。优点：非常有名的社会化媒体平台，大多数人都去过一两次。缺点：主要面向人们感兴趣的音乐领域。

■ Picasa。它是由谷歌运营的组织、编辑和分享图片的网站。你可以标记图片，以便快速搜索用户。优点：与大多数谷歌服务一样，Picasa易于使用且下载非常迅速。缺点：图片分享很重要，但是在你开展的社会化媒体活动中，它不是最重要的事情。

■ 推特。这是个令人惊叹的完美网站，被采纳和使用的范围非常广，从商业到游戏，无所不包。优点：大部分人都在使用。劣势：分散注意力，特别是当用户有注意力障碍时。

■ Vimeo——Vimeo如同是高端的YouTube，是人们分享社区趣事、励志传奇以及专业创意视频的最佳平台。优点：你会爱上这个充满积极向上氛围、拥有生命能量的视频网站。缺点：不是YouTube那样被默认的网站，但是在不久的将来会有所改变。

■ 雅虎——就像谷歌和必应，严格说来，雅虎算不上社会化媒体平台，但它确实是能为你的网站带来流量的工具。优化你的网站确保雅虎这样的搜索引擎看到你。优点：雅虎是搜索引擎世界中的老黄牛，所以通常情况下把雅虎放到你的桌面上是极好的。缺点：雅虎是搜索引擎还是在线门户网站？抑或是网络杂志？也许它都是，毕竟这不是劣势。

■ YouTube——当然，YouTube是比较知名的商业推广平台之一。在上面发布视频的关键是要短小精悍，确保能够解决"它能带给我什么"的问题。YouTube对制作视频很有帮助，但是不适合上传CEO给股东的年终讲话视频。优点：它无处不在。缺点：网站环境不是很好，有时会有庸俗的视频上传。

　　这里只是简单地回顾一下那些能用来推广产品和服务的社会化媒体平台。最常见的问题是：我应该从哪里开始呢？下面的快速入门指南能为你敲开使用社会化媒体的大门。

快速入门指南 ———————————————————————▶

　　1. 开始着手优化你目前的网站，以便让必应、谷歌、雅虎或者其他搜索引擎捕捉到它。你可以利用营销分类网、竞争网或者排名网与竞争对手比较搜索引擎优化的知名度。

　　2. 开通一个博客。开通博客是增加网站流量最好的、没有异议的、最重要的方法，WordPress，Drupal，Joomla 和 Typepad 都是最受欢迎的开通博客的平台。

　　3. 一个星期至少要上传三次新的博客帖子。确保博客的标题和内容标签是人们愿意搜索的，从而获得搜索引擎中网站的可见度。

　　4. 创办电子快讯。你的客户/潜在客户一定想同步获悉你们最新的具体报价，或者想阅读你网站提供的对他们的商业活动有帮助的白皮书和文章。电子快讯是非常重要的社会化媒体工具，而且简便易行，不要小瞧它。

　　5. 上传内容到 Pinterest——图片分享网站。Pinterest 也是分享型平台（在下一章节中会讲到），许多企业都靠它来推广产品和服务。为了推广的目的使用 Pinterest 可是一门艺术，如果使用得当会事半功倍。

　　6. 制作短视频。不必非要做一流的、专业品质的视频，也可以是入门级的摄像机拍摄的视频，关键是能给客户/潜在客户提供有帮助、有用的内容。

7. 建一个 YouTube 视频频道。不要只是在 YouTube 上传视频。创建你自己的频道，以便你量身打造视频和用户体验。

8. 用 TubeMogul 给你的推广视频增加筹码，这是个一站式服务的网站，能把你的视频推送到许多平台——YouTube，Viddler，Howcast，Vimeo 和 Metacafe，非常节省时间。

9. 推广，推广，再推广。利用传统媒体、口碑影响、社会化媒体以及任何你能想到的技术，来推广你的博客、你的 YouTube 频道、电子快讯。毕竟，如果你做了所有事情却没有人知道，还有什么意义？

小结

关键理念　社会化媒体不同于传统媒体。因为社会化媒体是交流而不是独白。

行动方案　确保你所有的社会化媒体活动最终会和客户/潜在客户建立联系。鼓励人们评论、转发你在脸书上的帖子。

关键理念　确保社会化媒体工具对推广你的产品和服务有很大的帮助，如用户自制视频、开通博客、使用电子邮件营销和其他在本章中提到的平台。

行动方案　不要只是谈论制作视频、开通博客、开展电子邮件营销活动。一定要行动，要动起来！

关键理念 本章的社会化媒体快速入门指南给你提供了一些马上开始开展社会化媒体活动的方法。

行动方案 开始执行本章中的快速入门指南，这些是非常迅速、轻松地进入社会化媒体世界的好方法。

12

利用分享型平台增加销售和收益

在前面的几章中，我们了解了那些能够帮助你在网络中推广业务的社会化媒体平台。现在让我们看看能帮助你分享产品和服务信息的社会化媒体平台。

在开始探讨具体的分享型平台之前，先谈谈分享的真正含义是什么。我们已经讨论过社会化媒体活动中过度推广的危险。我们提到过，利用社会化媒体进行强行推销是达不到预期目标的。原因是，社会化媒体在互联网中（有意或者无意地）被认为是免费的工具。换句话说，人们认为博客、论坛、社区是互联对话的一部分，它们不适于商业活动。

当然，人们也在商业活动中使用网络，但在大多数情形下，人们打开浏览器时并不是为了购买东西。因此，他们讨厌强行推销的人。他们认为社会化媒体世界是逃离营销人员和公司对产品和服务的推销行为的避风港。

工具与技巧

SlideShare 是一个非常棒的社会化分享工具。我们创建了一个 Slide-Share 客户端，名为"关于移动营销的 50 个惊人事实"，收到超过 15 万条分享。然后我们做了什么呢？12 个月后我们又上传了一遍，这次收到了 9.2 万条分享。记住，在 SlideShare 客户端已经上传过一次，不代表以后就不可以再上传了。

想象你参加一个夏日鸡尾酒派对，手里握着一杯葡萄酒，微风拂面，汉堡包和热狗在烧烤架上散发着扑鼻的香气。这时，有人走来和你搭讪交谈，这绝对不会冒犯你。但是，如果他对你说的第一句话是："我专门经营跑车，现在我们来谈谈每个月的月供吧。"这样的搭讪非常让人心塞，对不对？

大多数（不是全部）的社会化媒体活动也是如此。许多情况下，你希望做的最后一件事是马上开始销售，你希望做的第一件事情是开始交谈，了解对方，以一种有意义的方式与其建立联系。

我们之前谈到在你约会时如何利用社会化媒体，第一次约会你不要问对方是否会嫁给你，而是问对方的兴趣和爱好。如果一切顺利，在约会结束时，就要问对方是否可以有下一次约会。在第二次约会时，你会对对方有更深入的了解，也可以询问更多个人的问题。当然这就会和对方建立关系，希望会有第三次、第四次约会，直至走进婚姻殿堂。

我们拿结婚的事情打个比方，但是你要知道这个例子的含义。社会化媒体和约会是非常相似的，就是建立一种持久的、可信任的关系的想法真的会实现关系的建立。

鉴于此，让我们看看那些能用来分享关于产品和服务信息的社会化媒体。记住，这些社会化媒体是被设计用来给你的潜在客户提供帮助的工具、技巧或者技术。换句话说，它们不是用来强买强卖的，而是用来建立大众对你的产品和服务的意识、兴趣和欲望的。如果你能打好手中的牌，将最终给你带来交易。

看一下分享型平台都有哪些：

■ Buffer——这是一个社会化媒体管理工具，允许你按预定计划轻松快速更新推文、帖子，对于没有兴趣使用 Tweetdeck 和 HootSuite 的用户来说这是个不错的选择。只需在你的浏览器注册、安装即可，下次你如果想在网上分享什么，点击 Buffer，就能在你设定的某个时间分享出去了。优点：它是在推特和脸书上按计划更新和发布内容的一个好工具。缺点：其他平台也提供类似功能。

■ Delicious——这是由雅虎提供的社会化书签服务。有人用 Delicious 给你的文章、视频、博文贴标签，就相当于给你投票，你得到的投票越多，你在 Delicious 网站上的内容的知名度就越高。优点：无处不在。缺点：需要大量的访问和投票才能被大家注意到。

■ Digg——类似于 Delicious，用户为喜欢的文章、视频、博文进行投票，如果你的内容得到足够多的投票，就会被置顶让众多的访客看到。优点：无处不在。缺点：需要大量的访问和投票才能被大家注意到。

■ HootSuite——这不是一个社会化媒体平台，而是一个工具，你可以通过控制面板管理多功能的社会化媒体渠道。如果你的公司的社会化媒体项目有一个以上的负责人，Hoot-Suite 不失为一个好的管理工具。优点：界面操作轻松，设置简单，功能强大。缺点：如果你的兴趣不只是上传一个帖子，就应该考虑功能更强大的工具：SproutSocial 或者 Oktopost。

■ Instagram——脸书家族中出奇有趣的图片和视频应用程序。在你的智能手机上安装 Instagram，下次你就可以跟你的粉丝互动，给他们发送风格独特的图片或视频。优点：有趣、简单、易操作。缺点：其他应用程序也提供相似的体验。

■ MarketMeSuite——这是一个社会化媒体仪表盘，类似于 HootSuite 和 TweetDeck。对那些有兴趣挖掘比 HootSuite 和 TweetDeck 更深入的数据的用户来说非常好。如果你想要更深入的经验，那么 MarketMeSuite 就是你所需要的。

■ Path——基于定位的社会化分享 App，你能分享图片、记忆中的事物、音乐、观点和其他活动。优点：以一种有趣的方式和朋友分享你的生活旅程。缺点：竞争者实力雄厚，例如脸书、Google＋等。

■ Pinterest——我们生活在一个肉眼看得见的世界中，Pinterest 就利用了这一点。你是否厌倦了阅读冗长的博文却依旧享受通过图片浏览的 1 000 个文字？如果是这样，那么 Pinterest 非常适合你。等待网站打开，注册，开始分享存放在你文件夹里的图像。优点：通过视觉的方式吸引人、与粉丝互动。缺点：和其他各种各样的社会化媒体平台竞争激烈。

■ Quora——如果喜欢提问并且希望得到专业性的答案，那么 Quora 正合你意。无论你提出任何问题，Quora 都会从别的用户中给你找到答案。那些聪明、学识渊博的人经常访问该网站，经过认真思考给出解答，所以答案是很有帮助的。优点：简单易用的平台。缺点：简单的谷歌搜索有时也可以找到相同水准的答案。

■ Reddit——和 Digg, Delicious 很相似。网络中流行的、新潮的事物，在这里都能找到。用户能对网站上的文章进行投票，决定其价值，所以读者能从博客、报纸或世界各地中其他的资源里查看流行的、前沿的文章。优点：像 Digg 和 Delicious 一样，Reddit 无处不在。缺点：你需要超多流量，并能忍受屏幕上弹出的无休止的投票。

■ SlideShare——非常著名的网站，你能上传内容和其他人分享。带上你的 PPT、电子书、播客或者其他任何东西的内容，你都能在 SlideShare 社区和其他人分享。优点：是获得大量访客的好地方。缺点：众多的用户会竞争同一个抓人眼球的话题。

■ Snapchat——警告：最初是一个传播色情内容的平台，所以一定要谨慎使用。据说它正在演变为一个强大的工具，所以对商业活动非常有利用价值。优点：时髦并且流行，特别是在年轻人中；能够闪电交易（特定的、有限的时间内）。缺点：

跟踪需要手动操作；前面提到过，最初用于色情。

■ StumbleUpon——和 Reddit，Digg，Delicious 非常相像。当你评估一个网站时你会使用 StumbleUpon，自动和志趣相投的人分享发布的内容。它能帮你找到朋友推荐过的好网站。优点：StumbleUpon 能把你上传的内容传播开，却不会经常曝光你的产品或服务。缺点：和其他非常好的工具竞争激烈，例如 Reddit，Digg 和 Delicious。

■ TweetDeck——像 HootSuite 和 TweetDeck 一样，在面板上提供了追踪社会化媒体渠道的方法。如果不容易被扰乱心绪，它就能节省时间并提高效率。优点：非常容易建立并开始运行。缺点：像所有面板工具一样，非常容易使员工分心。

■ 维基百科——现在依旧让我觉得匪夷所思的是，这个由不计其数的用户生成的百科全书只是由几十个员工在维护运行。对于合法进入者是一个很好的工具。优点：对于上传关于你的产品、服务或公司合法、有益的内容来说，这真是个好工具。缺点：如果你的目标客户群年龄超过 40 岁，维基百科的小字体对他们来说阅读起来就有些困难了。

■ Yelp——这个平台提供用户对吃喝玩乐服务的评价。Yelp 有个增强现实的智能手机应用程序，使得它的运行非常快速流畅。优点：用户生成的评价对潜在客户寻找关于你公司的信息很有参考价值。缺点：有人会试图发布虚假评论，但是 Yelp 在遏制虚假评论方面的工作是卓有成效的。

分享型平台快速入门指南

当然这不是一份详尽的清单，但是能让你轻松快速地认识一下各种社会化媒体分享型平台。

那么现在我们要走向哪里呢？面对这么多信息我们该做些什么呢？

这是个不小的挑战。我们前面提到的那些网络和促销工具都是易于建设和运营的。分享型平台做到这一点也不是不可能的。让我们看看下面的快速入门指南。

快速入门指南 ———————————————————→

1. 在你的博客或者网站中增加分享按钮。社交分享按钮是个小图标，通过点击它用户就会连接到你的社会化媒体频道。你不用把它们放到你的每个页面中，只要放到你希望被分享的内容的页面就行，比如你的博客或者首页。

2. 在 Instagram，Pinterest，Vine 和其他网站上传内容。通过和其他人分享图片和视频，你就能建立关于个人品牌和公司的认识度。

3. 开始使用 HootSuite，QuickSprout，Rignite 以及其他任何社会化媒体面板管理你的社会化媒体账号。这些工具能在众多的频道中有效地管理你和顾客的对话，并且能节省大量时间。

4. 经常上传别人能够学会的内容，包括撰写能够对你的潜在客户提供帮助的帖子，通过你的社会化媒体活动创造足够的声势，让其他人能够看到并且学会。

这些应该现在就开始着手。如果你按这些步骤开始执行，你就有能力在分享方面获得一些吸引力。

小结

关键理念 互联网不适合强行推销，人们也不希望会出现这样的情况。人们会抵制公司或者个人玩这样的把戏。

行动方案 在网上卖东西时，你要练习软推销。建立良好的第一印象和信任感，顾客才会上门。

关键理念 社会化媒体分享型平台有利于树立公司的形象，却不是转化客户的有效途径，通常转化客户需要在其他地方实现，比如在你网站的登录页面。

行动方案 把社会化媒体分享型平台作为构建认知的工具，而不是作为直销的工具。

关键理念 社会化媒体分享型工具需要定期、持续的维护。

行动方案 对于社会化媒体分享型工具，你不能建立起来就束之高阁，你要经常上传新的内容，以便能不断地增进顾客对你的产品或服务的认知。

13

移动媒体平台：新工具创造新价值

84％的手机用户说他们在看电视时会和朋友聊天，或者浏览网页。其中，每天有逾百万名的用户看电视节目时会在推特上发表评论。

这意味着什么呢？意味着社会化活动和手机作为两个独立事物的日子已经结束。已经没有社会化活动或手机了，只有社会化活动和手机。

另外一个现象也值得深思：脸书平台上有将近百万名用户是经由移动设备登录的。更令人惊奇的是脸书的大部分收入来自移动设备上的广告，这就对了——脸书在手机客户端上赚的钱比在电脑端中赚的钱要多。

因此，你要怎样利用手机来和你的潜在客户建立联系呢？一般情况下开始的关键就是要弄明白什么是移动营销。明白了移动营销的原理，就很容易明白怎样利用社会化活动和手机的结合建立与客户/潜在客户的联系了。

让我们从一个重要的事实开始说起，我们不是简单地利用电视/电脑/智能手机/平板电脑来收集关于产品或服务的信息，而是利用电视＋电脑＋智能手机＋平板电脑来收集信息的。鉴于此，把所有的移动媒体活动无缝地集成到更大的营销方案中是非常重要的。以传统眼光来看，这意味着移动媒体活动将是逆向工程，以配合大营销方案。换句话说，企业应拓展他们的营销活动，把移动媒体营销活动嵌入到更大的项目中。

更准确地讲，应该具备移动媒体优先的思维。毕竟，不久的将来，移动设备将是消费者和品牌最主要的联系工具。换句话说，移动媒体应该是营销项目的基础而不是事后的补充。

社会化媒体洞见

不会再有社会化活动或手机，取而代之的是社会化活动和手机。

考虑你的潜在客户使用移动设备时所处的环境很重要，他们去饭店吃饭时会使用智能手机在脸书上预订吗？他们会在看电视的时候用平板电脑发送推文与朋友聊天吗？或者他们在度假时会把照片上传到 Instagram 上吗？

最有可能的结果就是人们在所有上述的场景中越来越多地使用他们的移动设备。毕竟，人们几乎所有的时间都和手机在一起，包括逛商店、看电视甚至上班，与手机形影不离。

所以，作为营销人员的你，工作就是以相关的情境把人们吸引到你的产品上。换句话说，你的工作就是在对的时间、对的地点、对的环境给他们发送品牌信息。

对于众多营销人员最大的挑战之一就是他们没有意识到工具就在工具箱里。他们可能知道什么是手机网站，甚至也可能知道怎样区分手机网站和手机 App 的不同。但是他们依旧没有机会同时弄明白所有的工具。换句话说，他们没有探究每一个要素，去弄明白这些要素与其他工具如何整合协同工作。

尽管互联网上新的移动工具层出不穷，但有几个特别重要。下面是简要介绍：

■ 手机网站——它是精简版的桌面网站，用来吸引那些使用智能手机和平板电脑与你品牌进行联系的访客。如果有人在自己的智能手机上通过点击链接阅读了脸书的帖子，你一定希望他们在优化了的手机页面登录，而不是桌面网页。所以对任何有效率的社会化活动或移动媒体活动，关键要有手机优化网页。

■ SMS 和 MMS——短信服务和多媒体信息服务系统，允许以文本或富媒体（图表，视频，音频）格式发送品牌信息给潜在客户。

■ 手机 App，不要和手机网站混淆，这是安装在智能手机或平板电脑中的软件程序，可以为品牌的潜在客户提供信息或电子商务服务。所有主流的社会化媒体平台都有自己的手机 App，而其中如 Snapchat，Foursquare 是只有手机端一种形式的社会化移动平台。

■ 二维码。你一定经常在海报、广告以及其他印刷品中看到这种由黑白两色组成的正方形图标。只有 19％的美国民众扫描过二维码，所以它从来没有真正得到过广泛应用。即使如此，一些公司仍然把它用得相当有效。

■ 手机广告。也叫手机横幅广告，是让潜在客户登录手机网站的好方法。手机广告的点击率往往是桌面广告点击率的5~10倍。

■ 移动付费搜索。除了它是定制工具这一事实，它与桌面付费搜索完全相同。这方面规模最大最有名的就是谷歌、必应和雅虎了。

任何移动设备都需要能够支持其运行的操作系统。在世界各地，各种各样的操作系统被使用着，如苹果的 iOS、谷歌的安卓、RIM 的黑莓、诺基亚的塞班和微软的 Windows。

智能手机里的操作系统由制造商设计和组装。制造商公司包括：HTC、摩托罗拉、三星、惠普、苹果、黑莓和诺基亚。

苹果和黑莓制造商生产几乎所有操作系统的手机。另一方面，谷歌和微软从 HTC、摩托罗拉（现在属于谷歌了）、三星和惠普购买手机。

记住，制造商不同于运营商。美国最大的四个运营商是 AT&T，威瑞森，Sprint 和 T-Mobile。全球其他大型的运营商包括：Vodafone，Orange，中国移动和 Idea Cellular。

你知道吗？ ————————————————————————▶

哈里斯互动报告显示：12%的智能手机用户在洗澡的时候会用手机，9%在做爱时都会使用手机。

移动营销比较显著的一个特征就是精确瞄准客户/潜在客户的功能非常强大。你可以基于人口统计、行为、居住地址、网站访问记录、兴趣爱好和其他技术找到潜在客户群。

任何活动成功的关键就是要精确描述目标人群的信息，通常包括年龄、受教育程度、家庭收入水平、居住地和种族。对于移动营销人员，基于人口统计信息来瞄准潜在客户是相对简单的。

精准营销能使移动营销人员根据现实生活中的行动和行为瞄准客户。例如，某客户刚浏览过运动网站和汽车网站、某顾客偏爱美酒和国际旅游等。基于行为学的定位可能性是无穷无尽的。

在移动营销方面，再瞄准是更稳健的方法。这也使得营销人员和手机应用程序开发商能定位那些浏览过他们网站或者下载过他们 App 的客户，把对网站感兴趣的潜在客户转变为喜欢网站的客户，这也是一个很好的方法。

在一些情形下，你可能希望通过移动设备和链接的特征来瞄准客户群，例如，你可能会发送不同的营销邮件给 AT&T，威瑞森，Sprint 与 T-Mobile 的移动设备用户，通过移动设备可以做到这点。

在另外一些情形下，你可能希望在一个具体的地点或时间与客户联系，那么一个绝佳的机会是把情境广告合并到移动营销组合中。情境广告包括：约定日（例如，在特别的一天部署广告）或者是情景定位（例如，机场或是某个活动现场），这使得信息的制作对于目标客户而言更具有相关性和舒适性。

最后，你可能想在顾客对和你产业相关的网站或 App 感兴趣时与他们建立联系，例如高尔夫球杆制造商给在高尔夫球手机网站阅读文章的人发送手机营销邮件，酒厂给那些喜爱酒和美食的人在 App 上发布能勾起他们兴趣的广告。

你知道吗？

《天堂执法者》（Hawaii-Five-O）是第一部让观众使用社会化媒体投票并实时播放观众选择的结局的电视连续剧，哥伦比亚广播公司（CBS）追踪观众留言并根据观众的喜好改变了剧集结局。

研究表明，手机优惠券的兑换率是传统优惠券的 10 倍，造成这种情况的部分原因是手机优惠券的新奇性，部分原因是手机的定制能力对于顾客更具相关性。

例如，把用户地址加进广告中的展示活动总是比不顾及用户地址的展示活动效果好得多。使用响应代码如二维码的活动，具有与生俱来吸引客户的能力。这是因为扫描代码的过程向消费者打开了大门，能使其更多地参与交易。

移动付费搜索怎么样呢？那是另外一个能让你和潜在客户建立联系的工具。关键词的价格仍然相对较低，所以移动搜索活动获得正的投资回报前景可期。

喜达屋酒店（Starwood Hotels）使用点击呼叫移动付费搜索，现在大多数用户都通过手机预订房间。它的广告利用地理定位技术瞄准那些在附近搜索酒店的潜在客户，点击呼叫的号码被发送到潜在客户的智能手机中，包括到达最近的喜达屋酒店的地图，结果就是移动付费搜索的投资回报率增加了20%，手机预订量增加了20%，在这次活动中，手机流量翻了三倍。

在跟踪移动付费搜索活动运行和管理时有几个关键指标。马林软件发现与桌面搜索广告相比，顾客对移动设备上的搜索广告兴趣更大。其他的研究表明，智能手机和平板电脑的平均广告点击率是64%和18%，比桌面的平均广告点击率要高。

关注率是另一个相对重要的因素。一般的付费搜索活动中，在预设广告的网页中都会显示多达11个广告，但在移动设备上，只有两三个广告出现。

谷歌还使用质量分数计算广告和搜索者之间有怎样的相关性。质量分数基于很多因素，包括从点击率到登录页面所花的时间。质量分数越高，活动就越有效率。保持较高水平质量分数的方法就是在搜索词条中包括手机设备相关关键字，例如，包括地点（如意大利餐馆位置）、地址（如家得宝在42街）和邮政编码。

你知道吗？ ————————————————————▶

微软的研究表明，70%的移动搜索从开始到行动都在一个小时内完成。为什么？因为人们在搜索时已经从床上下来，出去寻找解决问题的方法了。

现在我们已经在手机的世界做了一番探索，是时候来到社会化活动＋移动媒体的世界中来了。具体讲，就是你怎样利用社会化活动＋移动媒体与客户/潜在客户建立联系。

让我们从最基本的谈起。当你离开办公室时，可以从智能手机登录领英或 Google＋分享你的商业见解。听起来好像很简单，但是许多人还没这么做过，所以你要勇于尝试。

举个例子，当你在纽约出差时，在时代广场看到某个触动你的创新营销理念时，就可以和粉丝分享所看到的事情，这是个很好的方法，把自己定位为思想的领导者和创新者。（记住，使用社会化活动＋移动媒体的另外一个好处就是让你的顾客知道你在前沿和创新的营销工具方面是很专业的。）

你也可以利用领英的推广栏目，将原生广告混合进评论流。这样做的费用是每月 20 000 美元或者更多，所以这只适用于大品牌，但这是非常有效的和那些通过移动设备访问领英的潜在高端客户建立联系的方法。

工具与技巧

使用手机（横幅）广告的最大挑战之一就是客户的转化。为什么这样说呢？因为人们不愿意在智能手机上填写表格。怎样解决这个问题呢？为了便于完成订单，可增加一个点击呼叫按钮，让客户自己选择是给你的公司打电话，还是给销售人员打电话。

让我们继续。推特网不仅能设计推广帖，而且还能选择针对哪种设备，你知道吗？你可以设计只针对移动设备的推广帖，也可以仅仅针对苹果、安卓或者其他的智能手机设计推广帖。

最重要的一点是，推特可不仅仅是一个桌面广告平台，它能做的更多。如果你有兴趣快速了解社会化活动＋移动媒体的世界，那么在推特经营一个只针对手机的推广帖就是你迈出的第一步。

正如前面提到的那样，脸书超过一半的收入来自手机广告，所以，你还在等什么？最初，一些公司也是通过桌面和手机在脸书上发布广告，几乎无差别地使用它们。然而2013年只通过手机运行广告的广告商数量，比上年同期增长了45％。为什么这么多的广告商只选择手机呢？因为手机广告和桌面广告相比，有高达187％的点击率和低于22％的点击付费率。有什么理由不喜欢手机广告呢？

一旦你通过手机驾驭了领英、推特和脸书，就可以转移到其他平台了，如Instagram和Vine。怎样利用这些快速成长的社会化活动＋移动媒体平台促进你的商业活动呢？

■ 找到富有创意的图片和视频推广你的品牌——发布关于活动、员工、办公室、产品和服务的图片与视频（包括专门策划的和日常生活的），以及其他能提供你商品独特闪光点的东西。你可以制作影像宣布即将进行的发售、活动或比赛。

■ 优化搜索标题——像其他网络那样，Instagram和Vine使用标签＃标明相关主题，帮助用户搜索他们感兴趣的图片和视频。避免过量使用＃号来标明主题，但是一定要保证潜在客户能够在搜索结果中找到你。考虑增加一个短链接到你的标题，以便引导客户返回到你的网站或返回到特定网页，或者发送相关图片。

■ 分享——在发布图片和视频之前，可以通过 Instagram 和 Vine 简单选择，然后发布到脸书、推特或其他网站。

■ 社区互动——确保你始终关注着客户/潜在客户。当你看到他们的照片时，点个赞并且评论一下。为你的公司或博客设计主题（例如：♯60 秒营销人）以监控讨论的状况，并鼓励客户参与。分享客户在活动中的照片。像其他社会化媒体那样，社交互动要有首要目标，这样能帮助体现你的品牌。

现在你已经知道怎样通过手机利用像领英、推特、脸书、Instagram 和 Vine 这样的工具了。你已经准备好振翅飞翔了。下面还有一些应该存在于你工具箱里的社会化活动＋移动媒体工具。

■ Scoutmob——一个主要借助手机的全天交易、提供本地服务的网站。

■ SCYNGR——一个通过手机寻宝游戏提供本地服务的社会化活动＋移动媒体平台。

■ Zagat——谷歌旗下的餐厅评价网站。看看它们的手机广告平台，看它如何利用社会化活动＋移动媒体工具。

■ TripAdvisor——你有自己的旅馆、餐馆、酒吧或者其他相关商业吗？你可以利用 TripAdvisor 推广生意。只要让它们知道你想借用这个平台并定位移动设备就行了。

■ Snapchat——虽然 Snapchat 最初的设计是用于发送色
情短信的，只要你不觉得你的客户会感到被冒犯，这个平
台还是有一些标新立异的东西是可取的。如果你是像维珍
航空或 SPANX 这样的公司的话，你就可以在这个平台找
到很多乐趣，同时保持顾客对于你前卫的品牌形象的忠
诚度。

小结

关键理念　不会再有社会化和手机的分离，取而代之的是社会
化和手机的结合。

行动方案　营销策略要手机优先。换句话说，不要在事后才想
起手机，相反，要让手机领导你的营销活动。

关键理念　在了解社会化活动＋移动媒体工具的世界之前，熟
悉手机营销工具很有帮助。

行动方案　回顾本章关于工具的概述，对于你的营销计划你能
灵活运用多少工具？有哪些你能快速轻松地实施？
（例如移动付费搜索、二维码等，试试在下次社会
化媒体活动中使用它们。）

关键理念　大多数的社会化媒体平台都能通过手机便捷地使用。

行动方案　开始使用领英、推特、脸书、Instagram 和其他社

会化活动＋移动媒体平台是非常容易的。你还在等什么？赶快参与，对你有百益而无一害。

14

将社会化媒体整合进营销计划

Geico 公司和肖恩公司有什么共同点呢？它们都因机智且朗朗上口的广告家喻户晓，也都因传播活动的内容落后时代，没有与品牌内涵保持同步，且没能与客户产生共鸣而遭遇滑铁卢。

汤姆·肖恩关于他的珠宝连锁店的宣传让人们感到困惑，人们不确定该品牌是否能真正兑现公司所谓的"钻石的朋友"的诺言。如果人们走进门店一定会认可汤姆的承诺：友善专业的销售人员售卖价值不菲、独一无二的珠宝。然而只听汤姆在广播中的介绍，你甚至可能不会光顾他的任何一家门店。这也许就是该公司申请破产保护的原因之一吧。

社会化媒体洞见

不要混淆了营销活动的普及与实际的成功。一个公司的真正成功，就是顾客盈门，生意兴隆。

　　Geico 公司的标识中有绿蜥蜴形象，当然，有人喜欢蜥蜴。但他们的广告中也有穴居人的形象，有二流名人也有普通人，有好消息也有坏消息，有关于坑洼的路面和停车场柱子的讨论，有眼里只有钱的人，还有一个总在揭露令人难以相信的"真相"的爆料人。他们想吸引哪些人呢？Geico 公司要传递什么信息呢？如果我不喜欢蜥蜴怎么办？尽管 Geico 公司受到越来越多人的注意，但是公司也目睹了太多客户的流失，而这意味着买他们保险的顾客不久之后就会转向别的公司。

　　所以即使他们的电视广告给人的印象很深刻，Geico 公司和肖恩公司一直以来也都在为留住顾客而努力。难道所有营销活动的努力，不都是以留住客户为主要目标吗？答案没那么简单，不仅仅是得到客户，更重要的是保持客户对你产品的忠诚度。类似于知名餐馆的主厨，总有排着长队心甘情愿等候的顾客。一个成功的营销人员也需要熟练地掌握混合营销的要素：产品、价格、地点、促销等，只有这样，才会回头客不断。

　　毕竟，顾客对一家公司和品牌的看法是通过接收到的一系列信息归纳生成的：广告、包装、宣传、口碑、促销活动、销售点展示以及各类售卖这种商品的店面形象。而这些信息的大多数都是以品牌为导向、加上社会化媒体中与品牌相关的所有对话内容，然后由营销人员加工生成的。很显然，信息在开发和传播的过程中很容易被有意无意歪曲，或被淹没在海量的网络信息中销声匿迹，或以讹传讹。

工具与技巧 ─────────────────────────────▶

　　社会化媒体的优化组合是使用社会化媒体工具单向发送邮件到各种平台上的行为，它是一个有争议的工具，因为它把社会化媒体作为播放工具而不是交流工具。如果你能被"通过"，那么你就能使用 Friends＋Me 工具，这能让你瞬间把 Google＋邮件发送到推特、领英、脸书和 Tumblr 上。

整合营销传播的出现

　　早在 20 世纪 90 年代，许多公司就意识到营销需要整合所有的促销手段，于是这些企业开始走向整合营销传播的道路，这条途径就是确保你所有的传播活动保持一个声音，就是使你所有的营销活动保持一致、协调、协同。你要确保顾客看到和听到的不是一堆互不相关、杂乱无章的信息。

　　其他一些因素也推动营销传播活动趋于整合：

　　■ 营销人员处于营销投资回报的压力下，组织中其他人也觉得传统媒体广告代价太昂贵已经得不偿失了。

　　■ 媒体细分提高了对目标媒体的重视，降低了对大众媒体的重视。

　　■ 资源从制造商转移到了掌握更多终端用户信息的零售商，许多营销人员开始把注意力转移到促销工具上，例如，能见到短期成效的促销手段。

　　随着营销人员对整合营销传播的了解和接受，他们开始要求广告公司协调使用各种促销工具，如公关活动、促销活动、直销、互联网和传统媒体广告。现在我们看到重新整合的需要，营销总监们面对如此众多的专业网络机构，他们正在为如何协调众多机构的工作而苦思冥想。

此外，鉴于数字平台的飞速发展和用户生成内容的爆炸性扩散，如今跨营销学科的整合变得更为复杂。新的传播技术和信息技术与传统传播形式竞争激烈，因此整合不只是需要考虑现有的媒体形式，它也需要跨越新老媒体。

美国西北大学交通学院的荣誉教授舒尔茨建立一个模型用来说明当今市场的"推和拉"（见图14.1）。营销人员通过传统形式，如电视、报纸、杂志、收音机、户外广告、促销以及公关活动，向客户或潜在客户推送销售信息，而消费者也有能力获取，即从营销人员或者市场"拉"取有用的信息。

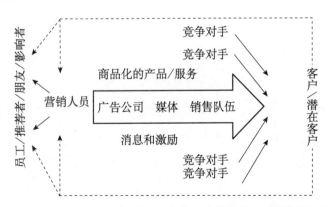

图14.1　由美国西北大学唐·舒尔茨开发的框架，解释推拉市场

这些新的拉动系统带来的主要变化是，客户参与世界各地的企业和品牌交流时，往往不具备市场营销的知识。对话控制权已经易手。曾经为了宣传公司和品牌，营销人员唱独角戏的局面，现在已经演变成为价值链中所有参与者的共同演出。

营销新时代

在这个推拉营销的新时代，营销人员不再享有简单推送具体信息的权力。结合与整合"推"式传播与"拉"式传播是成功的关键。

鉴于这一切，谁最终负责管理一体化——客户还是营销代理？大型控股公司下属的领导机构与附属机构同时声称他们应该负责整合，但是客户认为他们应该负责。

最近，弗雷斯特研究公司对于销售及代理主管进行研究，在名为《代理关系前景》的调查报告中，研究人员发现，在过去的几年里，本已复杂的营销—代理关系随着社会化媒体的兴起发生了显著的改变，这导致代理机构试图迅速扩大它们的服务，而有时候它们没有能力兑现承诺。

弗雷斯特公司的分析师和上述报告的第一作者肖恩·科科伦指出，如今营销人员面临的最大挑战之一就是当他们想把广告策略纳入新媒体时，不知道向谁请教。他说，情况越来越复杂，原本井水不犯河水的传统部门、公关机构、互联机构和媒体机构以及直接代理机构正试图彼此捆绑在一起，成为"万事通"。

社会化媒体洞见 ─────────────────────➤

　　营销世界变得越来越复杂了。如今代理机构、公司、零售商和消费者在品牌定位方面都有发言权。

　　不管你的机构阵容多大，作为营销人员，你是最终负责为品牌管理整合信息的。如果你放弃责任，就有可能要承担品牌被网络信息淹没的风险。更糟糕的是，正如许多品牌经理所吸取的教训，客户可能对你品牌的意义有完全错误的认知。不要忘了 Geico 公司和肖恩公司的遭遇。

　　除了代理机构内的专业人士，营销人员自己也要亲自学习如何将社会化媒体纳入营销计划。在过去的几年中，一些人一直在尝试不同类型的社会化媒体平台，一些人则刚刚知道把社会化媒体添加到企业整体营销组合中产生的价值。

　　尽管组织里有社会化媒体的专家，但是大多数的营销人员对于社会化媒体也在自觉自愿地学习，他们发现把社会化媒体项目战略地整合到营销组合中使用，比作为独立的策略使用更加有效。根据《广告与促销》（关于整合营销这一主题最畅销的教科书）共同作者迈克尔和乔治·贝尔奇表示：把社会化媒体元素融入传统活动是营销人员开展营销活动时面临的最大挑战。

整合社会化媒体活动

任何人都能创建一个脸书或领英主页，但是一些人没有意识到的是这些页面不仅需要用相关的、有价值的内容进行维护，还需要刻意和公司在其他社会化媒体上的展示保持一致。不能仅仅因为别人使用它，就想当然地认为社会化媒体只是个插件，或者是亡羊补牢的工具。必须从战略的高度把社会化媒体整合到营销传播组合中，即使这意味着用新方法开创新局面。

最重要的共识是在社会化媒体使用和传统营销的努力之间建立一种明确和一致的关系。例如博客，就是一种很好的吸引顾客的方法。当你受到潜在客户的关注时，就该把他放进你现有营销模式的漏斗中了。同样，你的脸书主页应该包含最基本的营销信息，使得潜在客户有理由访问你的网站、进入你的业务大厅、与你进行交易、打电话询问，或者订购产品。如果你不能把粉丝转化成客户，那么吸引粉丝到你的脸书页面对你没有任何帮助。

小结

关键理念　一些品牌在很大程度上没有把让客户产生共鸣的信

息与传播活动整合在一起，忽略了这个触点。

行动方案　研究那些非常成功的品牌的宣传活动，比如耐克和苹果。

关键理念　最终，和其他传统营销工作一样，你的社会化媒体营销策略需要遵循相同的指导原则。

行动方案　保持你的社会化媒体活动只专注于目标市场，并尝试以某种反映你业务整体思路的方法使用社会化媒体，从而整合营销传播。

关键理念　推拉式营销传播在这里仍然适用，营销人员必须调整二者，确保客户看到的信息是完整、一致、同源的。

行动方案　确定谁将负责管理公司和品牌的营销整合，并确保社会化媒体营销力度与其他传播媒介保持一致。

第四部分

社会化媒体活动的附加价值

15

评估竞争力

如果可口可乐只与百事可乐厮杀、赫兹租车（Hertz）只担心安飞士（Avis）、惠普只与苹果竞争，那么世界将会变得更和谐。但这只是假设，与现实相去甚远。对于大多数企业来说，竞争不仅来自直接竞争对手，也来自间接的、特定行业的和属类竞争者。

营销人员制定市场进入策略时，不仅要思考自己的产品和服务能带给顾客什么，还要了解竞争对手的产品和服务能带给顾客什么。

当你想办法来整合社会化媒体活动时，上面的原则同样适用。竞争力评估的首要环节就是要评估竞争对手的社会化媒体活动。它们有脸书页面吗？它们是推特的狂热粉丝吗？它们更新博客的速度无人能及吗？更重要的是，你还要分析他们做对的事情和做错的事情，并且思考你怎样才能另辟蹊径脱颖而出。

何谓竞争力评估

在讨论竞争对手的社会化媒体战略如何对你产生影响之前，了解一下商业竞争究竟是怎么一回事非常有必要。例如，巴诺书店和 Book-a-Million 两家书店都面临着技术革新和消费者习惯变化带来的冲击。仅仅几年前这两个零售品牌还在为占有最大的市场份额斗得你死我活。

然而当这些庞大的连锁书店正在为实体零售的统治地位而战时，一个拥有无限书籍的网络帝国亚马逊横空出世，如今的巴诺书店和 Book-a-Million 除了打理实体业务以外，也正在努力提高自己的网站访问量。

竞争中最致命的问题是竞争短视，只关注眼前的竞争和现有的商业模式只会把企业引入深渊。举个例子，如果可口可乐认为百事可乐是唯一的竞争对手，那么可口可乐既错失了机会也忽视了威胁。可乐可以用来解渴，然而喝可乐也有其他原因，如平复情绪、恢复精力、摆脱无聊、补充体力、配合茶点，等等。

到底是谁与可口可乐在这些领域竞争呢？看看图 15.1。可口可乐与其他可乐品牌如百事可乐、皇冠可乐存在竞争关系。在下一个层次的竞争中，可口可乐会与其他饮料如水、果汁、茶以及咖啡等竞争。在第三个层次的竞争中，可口可乐的竞争者会致力于提高消费者的满意度，如针对那些疲劳、倦怠的消费者。在最宏观的层面上，消费者花在可口可乐上的钱可以购

买的任何其他商品，都是可口可乐的竞争对象；买一罐可口可
乐的机会成本上的竞争是最广泛的竞争形式。这样一来，消费
者花钱买的任何商品，都可以被认为是可口可乐的竞争对手。

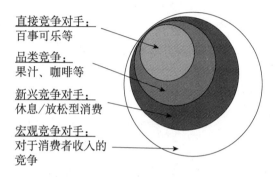

不同的竞争结构

直接竞争对手：
百事可乐等

品类竞争：
果汁、咖啡等

新兴竞争对手：
休息/放松型消费

宏观竞争对手：
对于消费者收入的
竞争

图 15.1   明白谁是你的竞争对手，你将会更好地争夺消费者的可支配收入

工具与技巧 ──────────────────────────────▶

如果你对重要人物的新闻故事感兴趣，那么上 Newsle 看看吧，它
会找到你所关注的人物的真正的新闻。它不追踪社会状态的更新，相反，
它侧重于通过新闻媒体发表文章，所以它是个很好的拓展你管理项目的
工具。

对你使用的社会化媒体开展竞争力评估

观察竞争对手的另一个方法是绘制一个简单的二维坐标

图，它可以帮助你分析竞争对手的品牌特质（见图 15.2）。

社会化媒体竞争一览图

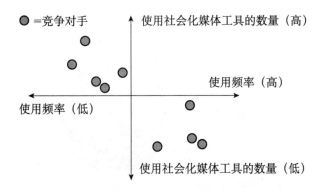

**图 15. 2　通过描绘竞争对手正在如何使用社会化媒体，
你就可以分析如何与之竞争**

你可以将纵轴定义为公司使用的社会化媒体工具数量，将横轴定义为社会化媒体工具使用的频率。当然，还有无限种可能的维度可以用于竞争坐标图。我们的目标就是选择一个对你的业务、行业和竞争对手最有意义的维度。通常最相关的就是那些对目标客户群最重要的社会化媒体工具。

当你弄清楚自己在竞争中的相对位置时，你就会希望了解怎么给自己定位才能取得成功。当然，很多时候一个公司希望把自己放到与竞争对手完全相同的位置上。星巴克有 MyStar-bucksIdea. com 网站，所以驯鹿咖啡开发了与星巴克完全相同的工具，并希望能取得同样的成功。如果这个工具能为星巴克工作，为什么不能为驯鹿公司工作呢？这种策略有一定的优势。

其他时候，在竞争坐标中，你会想把自己放到离竞争对手尽可能远的地方。如果你的竞争对手经常性地聘请专家来管理其脸书、推特、领英和YouTube等工具，你可能决定只关注相对集中的工具，即能让你间接获利的工具，比如说，博客。

现实中，这两种方法都比较极端。为了阻止竞争，许多聪明的企业审慎地细分市场、选择目标市场、进行定位以回避正面竞争。例如，当西南航空公司刚登上历史舞台的时候，管理者选择了不同于其他航空公司的定位，他们认真仔细地制定了西南航空独特的战略——短途飞行、枢纽城市、相对较低的价格和实实在在的服务，以此证明乘坐西南航空的旅游体验完全可以与租车、坐汽车或者乘火车相媲美。

同样，当沃尔玛开设第一批门店时，就有意地远离了由凯马特（Kmart）和西尔斯（Sears）控制的大城市。相反，它选择了乡村地区，与规模较小的非独立零售商进行竞争，在乡村市场占据了主导位置后，沃尔玛随即凭借实力挤进凯马特和西尔斯的势力范围，与它们正面交锋。

最后一个行之有效的策略是反向定位，一些公司可以考虑这个提法。反向定位即先了解行业中的龙头企业在做什么，删除它们擅长的业务（做相反的东西），并增加几个全新的定位点。

例如，瑞典家具零售商宜家家居就采用反向定位。大多数的家具店提供高品质的产品，种类繁多，并且提供店内辅助设备、免费安装和送货上门。宜家家居的定位是大路货，种类少到仅限几个类别，几乎没有辅助设备，直到最近，也不提供免费送货上门和安装服务。它们没有明显的"果岭费"① 怎么生存？替代这些服务的是，它们增加了儿童活动中心、提供瑞典美食的休闲餐厅、酷酷的名称、独特的配饰和一贯的斯堪的纳维亚风格。盈利数字已经显示出这种方法是多么成功！在过去的 30 年里，大多数的家具店或倒闭或濒临破产，而宜家家居的收入一直稳步增长。

社会化媒体洞见　————————————————▶

　　一些公司发现当竞争对手向左转时，自己最好向右转。这种方法，称为反向定位，适用于各种公司。

　　在营销传播世界，聪明的营销人员可能想要复制宜家成功的方法，其中包括在社会化媒体方面平等的竞争起点——必须拥有一个网站，必须有一个脸书的页面，必须使用推特——深入思考与竞争对手有什么迥然不同的地方，利用它创建与众不同的品牌。选择社会媒体工具时，考虑你的营销目标，分析如何使用并从特定的工具中获益，分析是否值得投资。

　　关于营销传播活动的最后一个要点是，具有竞争力的信息的节奏和强度。大多数传统媒体具有"进行"和"停止"两种状态，重要的是获悉竞争对手的节奏和强度，然后决定围绕活

---

　　① green fee 的音译，原指高尔夫运动产生的球道、草坪养护费等，后引申为各项服务或产品在销售过程中产生的附加费用或延伸费用。——译者注

动制定你自己的计划。随着新媒体的发展，特别是基于获取式的社会化媒体交流一直没有间断过，你不太需要根据竞争对手有针对性地计划和安排你的行动，对你的竞争对手而言也一样。那么剩下的唯一的事情就是，确保你的营销传播和你预期的品牌定位相一致，将你的社会化媒体传播与其他营销传播计划整合在一起。

小结

关键理念 你可以根据直接竞争对手、竞争产品、新兴竞争对手和宏观竞争对手来分析你的竞争环境。

行动方案 避免竞争短视，从广泛的层面来看，对于消费者有限的可支配收入而言，每一个品牌都在与其他的品牌竞争。

关键理念 通过分析你的竞争对手如何使用社会化媒体，你可以了解行业内哪些社会化媒体有效，哪些无效。

行动方案 分析你的竞争对手是如何使用社会化媒体来发展业务的。做一个快速的成本/收益分析，以便找出哪些社会化媒体对你的业务行之有效，哪些行不通。

关键理念 在社会化媒体空间，确定竞争对手如何影响你的业务发展是你进行特色定位的关键。

行动方案 想想与宜家对抗的那些已经销声匿迹的家居企业，

通过监控竞争对手正在社会化媒体空间使用的工具，试试反向定位——要么干脆远离它们，要么通过使用独特的工具和创造性地使用这些工具与它们竞争。

16
分析内部形势

　　每一个好的营销计划都始于形势分析，它是一个公司营销目标、目的、战略和战术建立的基础。

　　当一个组织制定任何形式的战略计划时，它必须考虑很多事情。它需要考虑其开展业务的外部环境；必须充分认识到竞争格局以及可能的机会所在；为了创造有强烈共鸣的价值主张，它必须深入了解客户和潜在客户；最后，做一个内部形势分析以扬长避短。

　　内部形势分析是最重要也最容易被忽视的一个因素，因为公司羞于做关于自身优势和弱势的 360 度分析。不要再犯这样的错误，推进成功的社会化媒体活动必须长期、认真地观察"内部形势分析镜"。

社会化媒体洞见 ————————————————————————▶

形势分析可以帮助你分析在你目前的营销计划中什么在起作用而什么不起作用。推进社会化媒体活动之前，退一步，先做一个形势分析。

展开内部形势分析

在一个典型的营销策划过程中，内部组织的分析要着眼于所提供的产品/服务涉及的领域以及企业自身。同样，当你思考社会化媒体计划时，你需要回顾过去项目的成功和失败，这样做时，需要考虑你所期望的社会化媒体策略与公司目前的结构和运行方式是否适配。

你还需要考虑在机构内部制定社会化媒体活动策略时的相对优势和劣势，而不是一味地雇用外部代理人或代理机构。例如，内部分析表明公司没有规划、实施和管理社会化媒体项目的某些能力，在这种情况下，寻求外部专业代理机构的帮助是明智的。

在决定聘请外部代理机构之前，你必须考虑外包特定的宣传功能可能导致的控制和进度的损失，以及由此带来的时间的节约和专业知识的补充，权衡利是否会大于弊。例如，CK和梅西百货在内部开发它们所有的营销宣传方案时，梅西百货选择继续保持内部宣传是因为宣传的高频性和熟练掌握宣传内容连续变化的必要性，CK保持内部宣传开发则是为了保持对创造性信息和品牌定位的完全控制。

相比之下,安海斯—布希(Anheuser-Busch)和菲多利
(Frito-Lay)一直选择与大型整合营销传播公司合作,它们坚
信专业机构的推广过程更专业,并且对每个品牌的定位可以开
发出创造性的营销材料和独特的营销内容。毕竟当提到营销推
广时,营销传播公司是专家。然而最近,菲多利公司已经把业
务从典型的外包代理机构模式转移到其旗下的品牌"多力多
滋"——允许用户生成广告内容。因为不用再给代理机构支付
费用,所以菲多利节省了很多成本,然而也存在人为改变品牌
信息的风险,因为没有内部或外部的"专家"致力于开发品牌
的宣传工作了。

品牌内涵会随着时间的推移而改变。如果信息不断改变,
那么就要赋予品牌强大的内涵。

进行 SWOT 分析

内部形势分析还应评估你所销售的产品或服务的相对优
势、劣势、机会以及威胁(SWOT),这对创作团队来说尤其
重要,因为他们承担着为品牌或公司开发宣传信息的责任。完
成一个 SWOT 分析可以帮助你甄别一些方法,在业务中将劣
势最小化的同时,将优势最大化。最理想的情况是,你的优势
与市场机遇(由于竞争对手的劣势和盲区产生的可乘之机)保
持契合。

做社会化媒体战略的 SWOT 分析时，需要考虑的因素有：

■ 优势——想想在社会化媒体营销背景下，你的公司能做好什么。什么因素使你从竞争对手中脱颖而出？你的竞争对手在做什么？与其他公司相比，你的优势是什么？

■ 劣势——从管理的角度确定哪些领域存在竞争，从人力资源的角度来看，存在哪些资源限制？时间限制？

■ 机会——试图揭示优势没有被充分利用和挖掘的领域。有符合公司优势的新趋势吗？是否有新的社会化媒体发展领域？

■ 威胁——看看可能损害你业务的公司内外部因素。在公司内部，你有财务、发展或者其他问题吗？你的竞争对手凭借其专长和信息变得更强了吗？新趋势是否放大了你的弱点，或者你看到其他对你造成威胁的公司取得成功的原因了吗？

内部形势分析还包括评估组织形象的优势和劣势。公司形象对于它通过广告向市场推广自己的各种产品和服务有重大影响，对于市场上那些新公司、新品牌或者有负面形象的公司，人们不仅仅关注它们所销售的产品的功能，首先更会关注它们的形象。另一方面，一个声誉良好的公司在进行产品或服务宣传时具有先天优势。

例如，最近一次的全美范围的调查发现：在美国消费者中，享有最好整体声誉的公司是强生、可口可乐、惠普、英特尔和Ben & Jerry's公司。当一家公司的领导人明白什么是它们正面形象的核心时，就可以用它来拓展业务。例如 Ben & Jerry's 在处理沟通、员工和环境等方面被认为是好公民，公司通过支持各种社区活动、参与保护环境的项目等表达了这种"好"，这对于那些从好公民 Ben & Jerry's 获得益处的非营利组织来说确实是好事，而且对于 Ben & Jerry's 的顾客来说也是好事，他们知道购买 Ben & Jerry's 的产品就会帮助那些有需要的人。

当一家公司已经塑造了一个公众形象，关于品牌的社会化媒体信息——无论与公司形象一致还是不一致，如果不准确有可能提高公司的声誉，也有可能降低它们的声誉。

你知道吗？

Ben & Jerry's 基金会在美国每年捐赠大约 200 万美元去做有意义的事。这些钱帮助那些非营利组织运行它们的项目，同时，也为 Ben & Jerry's 在客户中建立了积极正面的形象。

退一步分析形势

对于大多数公司来说，制定社会化媒体战略时，一些基础的问题是不能回避的：如何使从事社会化媒体活动的收益大于风险？社会化媒体如何影响重要的利益相关者，从而使公司受益？通过营销组合中的社会化媒体，公司有实现它期望的定位的能力吗？

让我们详细地看看每一个问题。当人们谈到收益和风险时，他们往往想到的是付诸某一行动的收益和风险，常常忽略了不付诸某种行动的风险。例如，如果你的公司没有利用社会化媒体，那么这种不作为产生的空白地带将任由各种评论、博文、推文在网上散布，而这都是由你自己造成的。事实上，这些"贡献"更有可能来自你的竞争对手，它们用自己的版本讲述你的故事，这可是很危险的状况。

所以如果置身事外又无须付出代价的话，为什么有些公司偏偏反其道而行之呢？根据高级营销经理夏尔巴的调查，46％的受访者认为"缺乏相关知识的员工"是使用社会化媒体最大的障碍。问题是，有相当比重自认为知识很渊博的人恰恰在社会化媒体上的经验很有限，而公司里没有用过社会化媒体的营销人员当中三分之二表示，他们"非常"或者"有些"了解这个事物。如果没有社会化媒体的实践经验，是不可能"非常"或"有些"了解社会化媒体的。这可能是"缺乏相关知识的员工"被视作最大障碍的原因吧。

这一切意味着什么呢？简而言之，以守为攻，以退为进。当你后退一步进行情况分析时，你可以清楚地看到公司面临的优势、劣势、机会以及威胁。只有这样，你才能准备好前进到下一步，了解顾客的思维过程、明确目的、设计重要策略等，帮助你实现目标。

小结

关键理念　制定社会化媒体策略和计划的关键组成部分是了解

组织内部形势，它决定了组织内部是否有适合的结构、内部资源和能力来管理社会化媒体。

行动方案　对你的组织进行 SWOT 分析，分析你筹备、开展和管理社会化媒体活动的能力。

关键理念　一些公司仍然害怕推进社会化媒体发展战略，因为它们缺乏将社会化媒体整合到营销传播计划中的知识。

行动方案　如果你觉得在内部运行社会化媒体活动会把关注点从业务中转移，那么就聘请外部代理机构为你开发和开展社会化媒体活动吧。

17

影响顾客决策过程

市场营销的目的就是"让自己的产品相比对手，赢得更多的客户、更高的购买频率以及更多利润"。

这句话出自可口可乐公司第一位市场总监——瑟吉欧·柴曼，道出了所有营销人员的目标，这个说法貌似简单，但实际上，想要实现它，需要有严谨的策略、一丝不苟的运营细节，还要有运转顺畅的组织机制。

最重要的是，你要完全了解客户的需求，这样才能让更多的人一次又一次地购买你的产品。通常，这对一个团队是最难做到的事，你必须弄明白客户/潜在客户的真实想法。

对客户需求的深刻认识包括能够描述出客户自认为他们需要什么，以及在他们没有明确告知的情况下依然能够明白他们可能需要什么，这才是难点。

为了做到这些，你需要明白客户是如何做出决策的、面对各种外界刺激如何反应，以及传统广告和社会化媒体活动哪个会影响他们。

客户的决策过程

在之前的章节，我们已经讨论了各种各样的消费者行为模型，这一切都表明，典型的决策过程开始于人们的实际生活状况和理想生活状况之间的差距（见图17.1）。第一阶段，即认识问题阶段，发生在客户感到有需求并且想要解决问题时。例如，"我现在头很疼，而我不想头疼。"

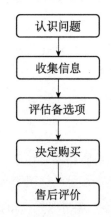

**图17.1　消费者的思考经历了购物前、
购物中、购物后一系列状态**

大多数情况下，客户自己意识到有需求，然而，有些时候需要营销人员通过鼓励客户对自己的现状产生不满，从而影响客户认知。比如说，关于个人卫生类产品的宣传，诸如漱口水、除臭剂和脚部喷雾剂，可能会刻意创造一种不安感，从而让人们通过购买产品来解决问题。

第二个阶段是收集所需信息来决定是否购买。典型情况是，这个阶段人们会回想过去购买某个品牌的经验。如果客户回想记忆中的情景或以往的经验但没能获得足够的信息，他们会通过查找广告、上网搜索、看电视或者求助于其他媒介来获取更多信息。在这一阶段，营销人员可以通过广告、销售现场展示以及网上工具来影响顾客决策，最终目的是将你的品牌列入客户考虑的备选项中。

一旦客户已经掌握了基本信息，他们会开始寻找备选品。游戏进行到这个阶段，营销人员就有机会为自己的品牌创造一个好印象，或者将消极的态度转化为积极的态度。

决策过程的第四阶段是实际购买决策本身。在顾客已经权衡备选品牌后，才可能产生购买某个确定品牌的意向或趋势。然而，购买意向不同于实际购买，顾客还需要进行购买行为。他要决定在哪里买、什么时候买、花多少钱等。思考太长时间会陷入买与不买的纠结中，尤其是对于高参与购买（比如购买价格不菲的商品）。因此，几乎有一半的情形是，顾客本来要买 A 品牌最终却购买了 B 品牌。

你知道吗？

研究显示 47% 的顾客本来只想买某种产品，最终却购买了一个迥然不同的产品。

　　为什么这些理论很重要呢？因为不论你是从事社会化媒体活动还是传统的营销活动，弄懂人们为什么购买、如何购买都很重要。通过研究消费者的行为，你能提高活动效率，长远看，即赚更多的钱。

社会化媒体对重要决策的价值

　　让我们来看一个高参与度的决策：选择上哪所大学。归结起来就是寻找最合适的。学生会列出自己的价值观、兴趣、个性，并评估各个大学的学术课程、社会声誉、学生生活、学费以及其他因素，以此决定选择哪一所大学。最后，准大学生们一定会选出"感觉最好"的。

　　这正是社会化媒体的用武之地。在过去的 20 年里，准大学生获取信息、寻找合适大学的方法已经发生了巨大变化。过去，信息和报考建议来自于小范围、窄渠道的专家——学校的辅导员以及在信息资源中心书架上的书籍和目录，其中只有少数图书是关于大学招生的；全国性的排名也不存在。与同龄人、朋友、家人交流会很重要，尤其是那些正在上大学或上过大学的人，总会带来一些影响。但总的来说，对选择有影响力的这些人，眼光和见识也往往受狭小地域的限制。

社会化媒体洞见　————————————————————▶

　　很多购买产品的决定发生在对一个品牌的体验和兴趣之后，社会化媒体可以在各方面影响消费者的决策过程，从而提高整体营销活动的投资回报率。

当然，自那以后，通过直接营销、精美的宣传册、全国排行榜、公开出版的指导手册、付费咨询和研讨班，甚至是为高中生开设的课程，信息的可得性得到大大提高。网络上提供的数量庞大的可用信息来自多种渠道，包括学校自身。仅仅是能指导你找出"恰当"决定的信息量就极其巨大，因此梳理所有信息并作出最终的决定可以说是一个很大的挑战。

现在我们再加入社会化媒体。问题是加入它是否能带来价值，是能够提供更多更新的信息，还是让我们能够更快捷地从信息海洋中遴选出最相关、最有用的信息。社会化媒体与其他信息来源明显的区别就是，让同龄人之间的联系更加快速、灵活。准大学生之间对话的场景变了，将不再局限于自己的校友，或者是和少数在高校旅行或社团活动中偶遇的学生，也不再局限于"指导手册"里新生代表的提问。使用社会化媒体，在很大程度上可以绕开学校的官员、顾问和专家，更不用说父母，直接与来自全国甚至全世界的同龄人交流。

这些依托社会化媒体建立的联系，怎样与传统媒体一起，对各大学的前景规划、招生计划以及营销战略制定产生影响呢？既然准大学生们能够接触到"真实的声音"，至少因为它们来自同龄人，感觉上比较真实，那么高校的营销努力、"大人们"的意见以及专家的影响力会不会越来越弱？

准大学生们发现社会化媒体更有吸引力并且用处颇广，是因为那些观点真实可信而且不偏不倚。信息早就民主化了，诸如麻省理工这样的学校，已经将在校学生的博客放到招生官网上，引发了一些"内部"交流，以求在招生上创造出更大的竞争优势。随着信息和可选性的增加，人们趋向于选择他们认为可信的来源。

你知道吗？

　　尼尔森的一项调查发现，70％的人会选择"完全相信"或"较为相信"那些线上消费者评价里推荐的商品，仅次于占比 90％的"相信熟人推荐的商品"一项。

　　购买行为完成后，消费者的决策过程并未结束。在体验了产品或服务后，客户会将产品的性能与预期对比，确认是否满意。性能良好意味着该品牌将进入消费者的品牌活跃区名单中，消费者很可能会再次购买自己用过的该品牌；而性能欠佳可能导致消费者对该品牌持消极态度，降低消费者二次购买的可能性，甚至从消费者的活跃区名单中删除。

社会化媒体在影响决策方面扮演的角色

　　社会化媒体是怎样与消费者的决策过程联系在一起的呢？乍一看，好像社会化媒体的主要目的就是吸引关注，对认识问题阶段产生影响。毕竟这样可以让更多的人在没有实际购买前就与公司、产品或者品牌有了交流。然而，就建立联系而言，社会化媒体的真正价值更有可能体现在考虑或者说评估备选项阶段。相比那些自己不了解的外界来源的建议，消费者更倾向于亲朋好友推荐的产品及服务，因此社会化媒体可以精简可能购买的商品列表，帮助消费者缩小选择范围。

此外，营销人员必须认识到售后评价这一阶段对于购买决策的重要性。那些购买后对售后有疑问、对产品不满意，或者有不开心购买经历的消费者，不仅不愿意再次购买，还可能对外宣传品牌的负面信息，阻止其他人购买商品或服务。因此，博客、客户满意度以及产品评论，会直接影响未来客户的决策和选择。

除了理解消费者决策的复杂性，你还要了解消费者对于沟通的回应。用户响应是接收信息的受众完成推进一个特定行为（如购买某个产品）所经历的几个步骤和过程。

现在已经开发出很多用户响应模型，但是其中最相关并且在营销传播组合中包含社会化媒体的模型是 AIDA 模型（见图 17.2）。我们曾在第 04 章中提到过 AIDA，现在我们简要回顾一下。AIDA 即引起注意（awareness）、诱发兴趣（interest）、刺激欲望（desire）以及促成行动（action）。最初开发这个模型是为了表示销售人员将消费者纳入个人销售过程所经历的几个阶段。首先，市场营销活动（或者销售人员）需要引起消费者的注意，然后引发他们对产品和服务的兴趣，兴趣足够强烈就能催生出消费者占有和使用这一产品的欲望，最终，消费者进入行动阶段做出购买承诺，整个销售过程结束。

消费者行为模型				
	AIDA 模型	效果阶层模型	创新采用模型	信息处理模型
认知阶段	注意（attention）	意识、知识	意识	演示、注意、理解
情感阶段	兴趣（interest）、欲望（desire）	喜欢、喜好、决定	兴趣、评价	顺从、保持
行为阶段	action（行动）	购买	采用	行动

**图 17.2　有很多不同的消费者行为模型，但是它们都
指向同样的目标：转换客户的预期**

不同形式的营销宣传对客户响应阶段产生了不同的影响。广告在吸引客户注意方面有很大影响，直接的邮件广告和网站宣传能有效激发客户兴趣；人员销售以及公共关系常常最大限度地刺激欲望，促销则鼓励消费者尝试，从而促成行动。不同类型媒体造成的影响也不同，取决于消费者对产品类型投入的感情多寡，以及与替代商品之间差异是否明显。

与传统媒体相比，社会化媒体最能实现分段反映消费者响应。在推动消费意识和需求方面，推特、脸书、Google＋以及Instagram都是非常有效的工具，领英和Pinterest应该是引发兴趣的最好工具。至于行动，电子邮件营销可能是最强劲的消费推动方式，仍有待确定的是，在各个平台上什么样的信息最起作用，解决问题的最好方法就是做一个网页对比测试，找到你的结果。

小结

关键理念 消费者在做决策时都会固守一种决策过程，营销人员能影响这一过程中各阶段的结果，以及消费者在各阶段花费的时间。

行动方案 标出决策过程中消费者的不同阶段，利用各种类型的社会化媒体工具，明确自己处于哪个阶段、怎样做才能影响整个决策过程。

关键理念 消费者遵循哪种特定的响应模式，取决于他们在营销刺激下的暴露程度、在产品中的参与度以及他们能察觉到的与替代品的区别度。

行动方案 明确消费者在你的产品和品牌中的参与度，以及确定你与竞争对手的区别度，这两个因素将影响客户遵循的实际响应模式，并帮助你选择合适的社会化媒体工具。

18

帮助确立主要目标和关键策略

底特律动物园是有着 80 多年历史的旅游景点，现在却遇到了麻烦。动物园几年前就开始面临财务压力，游客们却并不知情。

曾为动物园营业预算提供主要资金的底特律城，在几年前就停止了对动物园的所有财政支持。随着夏季的临近，动物园面对的现实是：再过几个月，资金将会耗尽，动物园很可能会关门大吉。

只剩一个选择，动物园必须直接向纳税人求助。设立新税种也许能为动物园继续运营提供必要的资金。动物园管理层需要说服选民通过新的税收提案，否则动物园就会倒闭。鉴于底特律动物园很有可能真的不复存在，并且影响到底特律的孩子们，动物园官方筹划了一个完整的营销活动准备实施，目的是让居民在新的十年期房产税提案中投赞成票，以支持动物园运营。

动物园管理人员本可以发起一个简单的倡议活动，强调动物园的强大吸引力，或者也可以推出促销活动，通过提供一些折扣和奖励来吸引游客。然而，他们选择集中于眼下的主要问题：筹集资金保住动物园。在行动之前，退一步思考现在的情形，他们确定了打造成功活动的三要素：核心驱动力、主要目的以及预期结果。

不只引起反应，而是激起连锁反应

动物园的管理层知道，他们需要的口号不只是能掀起实际行动，而是要激起连锁反应。他们从单一的概念中提取出一个好点子：我们的动物园值得保留。他们把这个观念表达的更人性化——"底特律动物园，我们自己的动物园。"——感同身受，能联想到孩子们与动物园里的动物依依惜别的画面。通过发掘这些核心的情感驱动力，最终取得了活动的成功。

广告意识引导了这次的倡议，但活动并不只包含这些传统的广告语，它依靠大众媒体和新媒体的推波助澜，使这个倡议成为街头巷尾的谈资和新闻里的热点话题。公共关系和基层努力使"值得保留"这个声音传递到当地的居民和选民的耳朵里，并让这个话题处于新闻焦点位置约一个月直至投票。

当投票终于结束，动物园官方惊喜地发现，认可新税法的投票人数比想象中多得多。实现了既定目标，动物园管理层需

要实施一些策略，使人们不光用新的角度看待动物园，还能参
与到动物园的一些事务当中，像志愿服务、财政问题等。

设立目标以实现期望的结果

底特律动物园案例成功的要点是：（1）找出成功的核心驱
动力；（2）明确具体的活动目的；（3）明确你要的结果。成功
的诀窍就是你在运用方法实施方案之前，先思考以上三个
要点。

设定目标和实施策略需要遵守规则。它需要对解决的问题
达成共识，对预期的结果做出评估，并对于在组织中实现这些
成果有共同的愿景。

你是否认为组织中正好有困惑的地方，想用社会化媒体来
解决，其实很多人都抱有同样的想法。但遗憾的是，很多组织
在为社会化媒体项目设定实际目标时，就已经出现了困难。

社会化媒体洞见 ────────────────────▶

在设立社会化媒体目标时，"明智"很重要。换句话说，你设定的
目标应该是具体、可量化、可达到、务实的以及有时限的，只有这样你
才能确定最优战略，瞄准最佳用户。

网上有太多文章和博文都在讲如何为社会化媒体活动设立
目标，它们所说的目标从增加网站访问量到增加与客户的互
动。但不论你立足于什么目标，有一件事是最重要的：你需要

将社会化媒体活动与你的市场营销活动融为一体，这样它们才能为你的投入带来可量化的回报。

推介新品

对于很多管理人员来说，促销战略唯一有意义的目标就是销售额。他们认为在各类工具身上花钱，包括社会化媒体平台，都是为了销售产品或服务。这么做的确很有意义，最终，所有营销活动皆服务于销售更多产品和服务的目的，能带来更多收入、更高的市场占有率以及更多的利润。

不久前，三大口腔护理品牌中的两个——联合利华和高露洁公司，加入了与宝洁公司家用牙齿美白套装的竞争。联合利华在 Mentadent 上投入 2 000 万美元，高露洁为 Simply White 投入了 6 000 万美元。高露洁的目标是在第一年完成 1 亿美元的销售；Mentadent 则致力于店内影响、促销、美容杂志和公司网站广告以及延伸的专业项目，以期获得市场份额。

销售额导向的目标就像联合利华和高露洁为自己设立的一样，具有很大意义，但是仅仅盯住销售额目标也面临考验。在真实社会生活中，许多不可控因素导致了销售惨状，如产品设计、质量、包装、描述、定价、人口发展趋势以及竞争对手活动等。此外，社会化媒体虽可以培养客户的品牌意识，但不能马上促成实际销售，尤其是出现一些根本性错误时，比如，在 20 世纪 90 年代早期，当纳贝斯克启动 Snackwell 品牌（低脂和脱脂饼干系列）时，Snackwell 的广告宣传是吸引消费者购买的关键。广告非常成功，但工厂没能准确估计消费者需求量，以至于经常断货。

如果只考虑社会化媒体活动的销售额导向目标，那么另一个问题就出现了，即社会化媒体营销活动的影响有一个时滞，换句话说，你投入在社会化媒体活动上的金钱和时间并不一定能迅速影响到销量。不过也别气馁，如果想提高销量，需要思考社会化媒体起作用的时间，以及除了销售，社会化媒体能帮助你实现的其他促进收益增加的重要节点。

你知道吗？　　　　　　　　　　　　　　　　　　➤

手机逐渐成为连接消费者的重要方式。实际上，一份由"60 秒营销人"所做的调查发现，全世界拥有手机的人甚至比拥有牙刷的人还多。

打动顾客

正如之前提到的，营销传播会随着时间产生累积效应，影响着从产生认知到最终购买的所有中间环节。广告以及其他促销形式，包括各种形式的社会化媒体，都是为了实现这种传播而设计的——品牌的知识和优点，令人舒服的态度和形象，有意引导消费意愿等。即使有这几类传播，你也不能期望有立竿见影的销售回应，相反，营销人员应该认识到他们必须提供相关信息，在消费者购买前就培养其良好的品牌偏好意识。

传播效应金字塔（见图 18.1）描述了社会化媒体打动人们或者引发销售前反应的路径。在金字塔底部，品牌宣传首先要引起人们的关注，愿意对产品和服务有所了解。在下一层次，目标是让人们对你的产品或服务产生兴趣、喜爱，甚至是偏好。除了产品知识，你要让人们心有所动。最后，在金字塔顶部的是行动，在这一层次，人们对你的品牌产生了强烈的信念，进而形成购买意向，最终购买。

促进交流，包括鼓励潜在客户开始与你交流，和与你产品和服务有关的任意一个人进行交流。你要鼓动他们参与进来，这样长此以往，你就可以将他们转换成消费者。如果你正确地完成这些，现有的客户将不仅会在你这里二次购买，还会成为你品牌的强大支持者，并帮助你在社区内外继续关于品牌的对话和沟通。

图 18.1 了解客户的响应过程是为活动设立目标的重要步骤

使用社会化媒体是为了驱动即时销售还是未来销售，通常取决于你在组织中的位置。如果你是首席执行官或者财务总监，你可能会对驱动即时销售感兴趣，只有这样，当季的销售数字才能在华尔街看起来不错。但是如果你是营销总监或者代理方，你可能认为培养长期需求和实现短期销售一样重要。

最后，决定你的选择的原因归结起来就是，你认为社会化营销努力是一项期望在未来获得回报的投资，还是一笔必须尽快收回的投资？要想弄明白如何平衡推介产品和打动顾客这两个主要目标，也许你不得不考虑是谁在组织中担任首席执行官，并且弄明白这个"大人物"的商业核心战略。

制定社会化媒体战略

描绘出具体的社会化媒体目标之后，你就可以制定社会化媒体战略了。社会化媒体战略服从整体的营销战略，而营销战略服从整体的商业战略。

在推进社会化媒体推广活动之前，要牢记所有这些因素。毕竟，一次性的营销活动只能带来短期的业务增加，并不能带来长期的业务增长。只有着眼于战略，精心筹划，并一丝不苟地执行才能获得成功。

成功的社会化媒体活动不仅仅是在会议休息时进行一会儿户外活动，也不是给实习生分配一项一个暑期就能完成的任务。它应该是一项由组织精心策划的、发人深省的拓展项目，可以帮助企业实现商业目标。

在制定商业战略时，企业应自问这些问题：

● 我们应该做市场的先驱并享受领先者的优势，还是做市场的跟随者？

● 我们应该以低成本方式进入，还是通过提供差异化供给以区别于竞争对手？

● 我们应该整体进入市场，还是专注于一个或几个有利可图的细分市场？

● 我们应该刺激现有消费者购买现有产品以实现业务增长，还是通过推介新产品，或是开拓新市场，或者一起进行？

仔细阅读以上问题，找出适合自己公司的答案。然后退一步，分析一下正在实施的社会化媒体战略是否符合你通过类似问题总结出的商业战略，这样你就为策划成功的社会化媒体活动迈出了系统性、战略性的第一步。

小结

关键理念 在策划任何营销活动时，你需要：（1）确定活动成功的核心驱动力；（2）制定具体的活动目标；（3）明确你要实现的结果。

行动方案 找个房间召集营销团队的所有成员（连同其他有意向的人），找出核心驱动力、活动目标以及社会化媒体活动的预期成果。

关键理念　社会化媒体目标一般可以分成两大类：一类目标是推出新产品实现即时销售，另一类是为了促进未来销售而培养顾客（即引起关注、培养兴趣和刺激购买欲望）。

行动方案　弄清楚组织对投资回报的预期以及得到回报之前的时限，然后你就可以决定社会化媒体活动是要促进短期销售还是长期销售。记住，这两点是互相排斥的——除非你有大笔预算，否则鱼和熊掌不可兼得。

关键理念　在使用社会化媒体时，将它与你的商业目标紧密联系是很关键的，同样将商业目标与整体商业战略连接起来也是如此。

行动方案　确定你清楚地明白组织的商业目标，以及为达成目标制定的各项战略。可以询问组织中的核心成员以明确商业目标及战略，或者查阅与之相关的文件。

10

社会化媒体战略与品牌核心价值相结合

　　人们在筹建社会化媒体活动时常会犯的重大错误之一，就是没有将社会化媒体活动与基本的营销活动相结合。结果是，他们用两种不同的声音与客户交流，而这绝非好事。

　　本章我们来谈谈将社会化媒体活动与品牌相结合的问题。什么是品牌？品牌通常被定义为消费者对产品的认知和情感的总和，如它的属性如何，它是如何运作的，以及能给消费者带来哪些好处。换句话说，品牌来源于消费者从产品和服务中获得的、可言传的及不可言传的信息。

　　品牌是通过大范围的接触点创造出来的。消费者每一次与你的品牌之间的互动，都会在认知里形成一种印象，这样品牌更像是对消费者个人体验的承诺。

社会化媒体洞见 ──────────────────────────────▶

通过社会化媒体战略准确表达你的品牌核心价值，是成功完成营销活动的关键。不论你想赋予自己的品牌什么含义，都应该在社会化媒体交流中清晰地展示出来。

───────────────────────────────────

大部分成功品牌都已经建立起与自己相关联的、与众不同的内涵，并且将这种与众不同的意义精练成一个简单、清晰、有内聚力的思想。品牌所立足的这种清晰简洁的表达就是品牌的核心价值。

这就是全部吗？以上的品牌理论和品牌策略只是冰山一角，最主要的是，品牌是客户/潜在客户对于产品和服务的体验、感觉的总和。

品牌核心价值的核心

品牌核心价值可以看作产品和服务的心脏和灵魂，因为它代表了品牌与消费者之间的联系。比如说，霍尔马克（Hallmark）曾用"品位生活"这个短语来凸显自己的品牌核心价值及企业文化。"品位生活"代表的是霍尔马克实现一切业务的基础，包括如何服务顾客、开发产品、传递营销信息、规划店面销售计划以及为员工创造积极的工作环境。霍尔马克的品牌核心已经渗透到公司和业务的方方面面，并且能在未来继续服务于品牌。

与之相似的是，哈雷摩托（Harley-Davidson）的品牌核心价值创造了庞大而忠实的客户群体，他们有着浓厚的品牌情结。哈雷现象可不是简单反映了摩托车本身过硬的质量和动感的设计，更是由于该品牌定位于不墨守成规和自由意志思想上的核心价值而闻名于世。这就是为什么消费者相信，拥有一台哈雷摩托就意味着向大家宣告强大、力量和我行我素的生活方式。

你知道吗？

如果你想对自己的品牌核心价值有根本的理解，不妨做以下三件简单的事情：

1. 组织外部访谈，对消费者和潜在客户进行调查，了解他们对品牌的印象。

2. 组织内部访谈，针对员工进行调查，了解他们对品牌的印象。

3. 对比以上两个结果，开始了解你的品牌目前的核心价值。

真正深刻了解自己的品牌核心价值，要比以上三个步骤复杂得多，但如果你只是想要一个基本的了解，完全可以按照这三步去做。

在你开始思考如何将社会化媒体活动与品牌结合之前，必须首先能够清晰表达出你的品牌立足点或内涵。你还需要知道潜在客户、消费者以及员工是如何理解它的内涵的。比如说，当提到沃尔沃这个品牌时，你首先会想到"安全"；而提到劳斯莱斯，你首先会想到"奢华"。当然，劳斯莱斯中也有安全的元素，沃尔沃的某些车型中也有奢华的元素，但是每个品牌的主要特性形成了其独一无二的核心价值。

清晰表达品牌内涵或核心价值可能听起来很简单，但其实相当具有挑战性，可能存在诸多差异。首先，你的品牌现有价值和你希望品牌达到的价值这两者之间就可能存在差距。比如说，奔驰希望保住自身作为奢华品牌的地位，但在最近十年间，由于它开发了几款低价车型，人们对它的认知已有所改变。另一个差距可能存在于你想实现的品牌定位和实际做法传达出的品牌定位之间，回到奔驰的例子，奔驰可能想展示奢华的形象，但却推出各种价格低于3万美元的廉价车、自行车系列，甚至还有儿童三轮车系列，这些与奢华的定位完全南辕北辙，这就无法将消费者已有的认知和眼前的观察统一在一个点上。

利用社会化媒体传播品牌核心价值

当你完美解决品牌核心价值的问题之后，你需要思考如何利用传统媒体和新媒体有效传达该核心价值，这就是社会化媒体存在的意义。在博客、推特以及脸书上推送合适的内容，你就有了大范围传播品牌信息给客户的可能，不过，你必须保证这些推送的内容与你想树立的品牌形象相一致。只有当你推送的内容可以有效支持品牌核心价值及定位时，发布有质量、有吸引力的内容才能有益于建立品牌形象。

社会化媒体活动的目标，是在品牌和目标顾客间发展私人关系。私人性质的互动是社会化媒体的天然属性，这样建立的联系可以比任何其他媒介都来得深入持久。为了维持这样的联系，要确保你的品牌给人以真实可信的形象，你的承诺必须始终如一。

为了确保行动与品牌承诺的一致性，关键点之一就是在社会化媒体上的言行举止始终如一。

为了将以上内容融入具体情境，让我们看一个在社会化媒体上言行不一的例子，再认真学习一个言行一致的例子。

好的、坏的和丑的，都是透明的

当本田公司决定在脸书上发布它的新款轿车雅阁的照片时，就应该为可能因此而来的一些苛刻评论做好准备。有关这款实用型轿车的外观，差评像洪水一样短时间内在粉丝留言页泛滥，绝大多数粉丝明确表示对新款设计不感兴趣。但不久之后，出现了一些关于这款车型的积极评论，问题就在于，这些好评出自本田的一位产品经理，并且没有公开自己与公司的关系！于是愤怒的粉丝将他的身份扒了个体无完肤，此举使得人们开始重新审视本田的真诚度以及品牌形象。

你知道吗？ ──────────────────────────────▶

在社会化媒体上，每多一条差评会损失 30 个潜在客户，不过这同样意味着每多一条好评可能会赢得 30 个新客户。

当然，公司需要使用社会化媒体来推销自己的产品，但如果得到不好的反馈，不应蓄意篡改。如果社会化媒体用户愿意，他们有足够的能力揭发你。在社会化媒体空间，诚实和真实对于成功是至关重要的。

我们来看看另外一家企业，不同于本田的案例，它为了将社会化媒体策略与其品牌及品牌立足点相匹配，已经做了能做的每一件对的事情。每个人都说使用社会化媒体是为了与消费者沟通并且发展更深层的关系和交流，但只有极少数公司能做好，星巴克就是其中之一。

星巴克的策略包含诸多元素，比如在脸书、推特、You-Tube 以及 Flicker 上开通官方账号。正如之前提到的，企业的核心社会化媒体战略之一已经根植于 MyStarbucksIdea.com 网站。该网站对每个想要注册加入的顾客开放众包的概念。但"实践星巴克创意"博客，是作为该网站的匹配栏目使用。博客由星巴克的众多员工运营，讲解他们如何实施想法，或对消费者的建议和信息如何作出反馈。博客中有趣的一点是允许读者回复和评论，很多企业博客并不允许。通过开放二级评论，星巴克能继续与顾客对话，并将星巴克的体验延伸到店面之外。

你知道吗？ ————————————————————————▶

只要不是跨平台 100％复制相同的内容，你就可以重复使用宣传文案。如果你完全复制，搜索引擎会认为你在向系统发送垃圾邮件，不过引用一部分原始内容是可以的。

　　社会化媒体是活力无限的新媒体，但这并不意味着它可以无视传统市场规则。无论你打算将自己作为行业专家"推销"，还是为公司刚研发的突破性产品的销售造势，你都必须判断出谁有可能成为买主，他们是否在社会化媒体上活跃或浏览，以及如何炮制出吸引他们的文案。

　　从事社会化媒体活动因为消耗时间所以代价高昂。尽管按下推特的发送按钮并不花钱，但社会化媒体活动必须进行规划、培养、追踪、管理，如同其他所有营销活动的注意事项一样。社会化媒体通常展示了品牌非常亲民的形象，所以让暑期实习生以公司的名义运营账号可不是最好的办法。

小结

关键理念　　在你从事社会化媒体营销活动前，有清晰的品牌定位是至关重要的。

行动方案　　对你的品牌进行一次全面的审视，判断在以下几个方面是否存在差距：（1）你现有的形象和你想塑造的形象；（2）你现有的形象和顾客心中的形象；（3）你现有的形象和依托组织的资源、结构和战略能够达成的形象。

关键理念　　社会化媒体战略必须与你的营销工作达成的品牌核心价值相结合并协同运作。

行动方案　明确品牌核心价值的核心驱动力，并以此制定营销传播策略。社会化媒体策略应同样以核心驱动力为基础，最大化实现传播影响。

关键理念　公开、透明的品牌较之做法相反的品牌，能更好地与用户沟通，能更多地获得成功的机会。

行动方案　时刻保持百分之百公开透明，绝无例外。

第五部分

评估社会化媒体活动的赚钱能力

20
评估社会化媒体活动的影响

唯一真正重要的社会化媒体测量标准是一个历久弥新的指标——投资回报率，其他的事情——流量、评论、关注者、消费倾向——只是通往投资回报率路上的一个个小站。

如果没有正的回报率，就没有必要开展社会化媒体活动了（除非你是想受到打击）；如果社会化媒体活动没有正的回报率，那么用不了多久财务总监或首席执行官就会推开你的办公室门通知你结束这一切。

把投资回报率一直放在你的数据监测屏上不失为一个好方法。营销活动很容易被一些细枝末节的东西分心，但投资回报率应当放在首要位置，并且是所有活动的核心。

保持对投资回报率的关注的另一个好方法是，使用社会化媒体管理原则（见图20.1）。这个简单的概念把社会化媒体的内容分为两部分：让人分心的和必须关注的。

让人分心的社会化媒体内容会让你偏离为公司创造正的回报率的任务。常见的让人分心的内容包括文章、视频以及其他几类：娱乐和游戏、朋友和家人、运动和爱好以及其他不相关的活动。在长时间工作之后，在这上面花点时间确实无可厚非，但在工作时，还是最好把娱乐时间压缩到最少。

另一方面就是必须关注的社会化媒体内容，如文章、视频及其他能帮助你赚钱、扩大市场份额、留住客户或者提高知名度等事情，它们能帮助你提高社会化媒体活动的投资回报率。

在开展社会化媒体活动时，要时刻把社会化媒体管理原则牢记在心，一些社会化媒体内容确实很容易让人分心，所以一定要专注于那些真正能提高投资回报率的内容。

社会化媒体管理原则

**图 20.1　利用社会化媒体管理原则可以使你
专注于最重要的任务：赚钱**

设定社会化媒体活动的目标

很快我们就会谈到如何评估社会化媒体活动，但首先需要谈谈设定目标。毕竟，如果你没有明确的商业目标，那么就没有衡量任何活动的依据。

已经确定的是，社会化媒体活动的最终目标是获得正的投资回报率。正的投资回报率是将潜在客户转化为客户的结果。在第 23 章中，我们会更详细地讲解这些目标，现在先记住以下几点：

● 有些社会化媒体活动的目的是实现即时销售。像之前谈到的，戴尔公司就使用这种模式，在戴尔折扣店的推特主页上发布设计好的有针对性的推文来达成即时销售。

● 有些社会化媒体活动的目的是实现未来销售。MyStar-bucksIdea 网站就是专为引起注意、兴趣、欲望和行动（AI-DA）而设计的。你在网站上买不到咖啡，但你一定会因此想要来一杯试试。

● 还有些社会化媒体活动的目的是为了减少客户流失。第 01 章的案例——发现卡的客户关系管理活动，就是为减少客户流失、增加客户忠诚度而设计的。实际上，这提高了投资回报率，尽管没有体现在直接的销售数字上。

在开展你自己的社会化媒体活动时，将以上每点都牢记在心。可以问问自己："我想要实现即时销售呢？还是想积聚对未来销售的需求？还是想减少客户流失、提高忠诚度呢？"它们都很重要，并且相互兼容。

评估社会化媒体活动的七大致命误区

绝大多数人在评估社会化媒体活动时常会走进七个致命误区。当你继续前行时最好重视这些问题。毕竟，警惕别人的失败要比复制别人的成功容易一点。

● 误区1：不评估自己的社会化媒体活动。不评估与自己社会化媒体活动有关的任何事物，这种做法并不明智。让人意外的是，很多人投身于社会化媒体，却不为评估方法制定计划。记住，首先你要制定自己的商业目标，之后决定你要如何评估这些目标。我们认为这是以退为进，进而纵观全局的好方法。

● 误区2：不论什么都评估。社会化媒体的天然属性是数字化，所以有关的数据都可以被追踪。你可以关注上传、下载、评级、评论、收藏、粉丝以及大量其他信息。但如果你在收集数据时没有计划，那么就很容易在海量数据中迷失方向。信不信由你，其实只要持续关注5~10个数据项，你就可以成功地开展社会化媒体活动了。

● 误区3：评估无关紧要的东西。在社会化媒体上很容易分心，很多人偏离方向，研究一些不能赚取利润的内容。记住，我们认为，运营社会化媒体活动的唯一理由就是为了最终获取利润（或降低成本），所以确定你所做的一切符合这一目标。

● 误区 4：为了评估而评估。别只因为你可以评估就去评估。毕竟，如果你不具备对事物的洞察力，到处收集信息是没有任何意义的。比如说，别只盯着你网站上访客平均浏览量只有 1.5 页这个数据了，先试着弄明白为什么人们只浏览 1.5 页，然后努力将访客的浏览量增加到 2 页或者更多。

● 误区 5：不跟踪活动进程。如果你正花费时间、不辞辛劳地评估某个指标，要保证你可以将它与过去的执行结果进行对比。这样，在你看到改善时，就可以找到 CEO 对他说："看到了吗？我告诉过你社会化媒体这玩意儿管用。这就是证据，老大！"

● 误区 6：不分享活动进度。还记得那个你称他"老大"的 CEO 吗？不管你是不是这么称呼他，确保与你管理的团队里其他有关成员分享你的成果，宁可多分享，也不能不分享，你一定想让公司的关键人物和决策者注意到社会化媒体活动的成功吧。

● 误区 7：你能想出社会化媒体评估的第七大致命误区吗？如果能，请让我们知道。登录 60 秒营销人网站，将你认为的社会化媒体评估误区添加上去吧。

在你建立社会化媒体评估项目基金时，请将以上误区牢记于心。

社会化媒体评估项目分类

　　以下列表包括了你在社会化媒体活动中可以评估的一些数据项目。不久，就会变得十分混乱——而且如果你尝试观测列表里的所有数据，恐怕在被海量信息吞没之前你还没有一点点实质性的收获。正因如此，我们要把这些信息分为三类——但首先，让我们将其中一些你可以测定的列出来。

- 推特关注者
- 脸书粉丝
- 评论
- 收藏
- 访问量
- 入站链接量
- 点击量
- 产生的消费意愿
- 排名
- 下载量
- 转换率
- 每千人成本
- 赞
- 上传量
- 粉丝、关注者、好友增长率

- 博客、微博、留言板等网站工具的提及率

- 提及率的地理分布

- 关于品牌的积极与消极情绪

- 病毒视频活跃度

- 跳出率

这些只是社会化媒体活动中成百上千个可测项目的一部分，这么一小部分就令你头晕脑涨了吧。

快速入门指南 ————————————————————▶

让我们把这些可测量的指标划分为三步，这样你就知道下一步怎么走了。

1. 定量测量。有些社会化媒体指标是定量的。这些指标只是简单地测量数据，并不包含情感因素，如推特的关注者数量、入站链接数量、"提及率"的地理分布、点击次数、排名以及其他在性质上以数据为中心的指标。

2. 定性测量。有些社会化媒体指标是定性的。它们提供有关你的产品、服务的情感、想法以及感受程度的信息。（比如，如果人们用"便宜"来评价你的产品，与"不贵"的评价是不同的。）

3. 投资回报率的测量。这类社会化媒体指标可以帮助你跟进项目进度，直至实现最终目标——通过社会化媒体赚钱。具体的指标有产生的消费意愿、客户保有量、潜在客户转化率以及最重要的——创造利润。

在接下来的章节，我们会更深入地了解社会化媒体评估工具的分类。现在，让我们回顾一下。

小结

关键理念　最重要的社会化媒体指标是投资回报率。

行动方案　在测量过程中很容易被其他重要的指标扰乱，但你所评估的每个项目都应最终服务于投资回报率。请把社会化媒体投资回报率一直放在电脑桌面上。

关键理念　社会化媒体管理原则是一个能让我们专注于那些可以赚钱、增加市场份额、保留客户或建立知名度的社会化媒体工具。

行动方案　找一张便利贴，在上面写上社会化媒体管理原则，将其贴在你的电脑主机上。说真的，不妨一试，虽然听起来有点老套，但它能让你的注意力集中在一件事上，那就是：产生正的投资回报率。

关键理念　社会化媒体活动作用不同：有的能帮助你实现即时销售，有的能帮助你实现未来销售，有的能帮你减少客户流失或增加品牌忠诚度。

行动方案　弄清楚你想采用的社会化媒体活动到底是这三种的哪一种。记住，它们之间并不是相互排斥的，所以你可以同时使用。

关键理念　社会化媒体评估的几大误区是指人们在衡量社会化媒体活动时，最常犯的几个具有共性的错误。

行动方案　回顾所有六个社会化媒体评估误区，并登录 60 秒营销人网站推荐你认为的第七个误区吧。

关键理念　社会化媒体评估包括对项目的跟进：第一步是量，
第二步是质，第三步是投资回报率。

行动方案　当你开展社会化媒体活动时，将这三步牢记在心。
将社会化媒体评估工具分门别类，你的方法会更有
条理。

21
测量定量数据

在前一章，我们提到，如果你能将社会化媒体活动的评估方法分门别类到三个特定的步骤中，就很容易理解这些方法了。这三个特定的步骤是：第一步，定量测量；第二步，定性测量；第三步，测量投资回报率。

定量测量可以让你直观地看到社会化媒体活动正在催生的访问量，定量测量的一个基础指标就是看你有多少推特跟帖数和脸书粉丝数，一目了然。

定性测量能让你深入了解有关品牌的情感、想法以及感受。通过研究社会化媒体活动的情感成分，你能获知客户对你品牌的忠诚度如何，哪些内在需求能够被你的社会化媒体活动推广的品牌所满足。

当然，测量投资回报率是最重要的指标。通过分析获取的消费倾向、潜在客户转化率、客户保有量以及产生的利润，你就可以实现最终目标——通过社会化媒体赚钱。

测量你的网站流量

本章以步骤一——定量的活动测量方法开始。定量的测量方法能让你了解到客户是如何在网络上认识你的品牌并对它产生兴趣的。

定量测量社会化媒体项目最基本、最简单的方法，就是利用流行和方便的工具来追踪数据。这类工具能让你深入掌握信息、监测数据，例如访客量、页面浏览量、日访问量、跳出率、到达率以及网络平均用时等。

你知道吗？ ────────────────────────────────▶

跳出率是指网站访客中，只访问你网站一页的人数占总人数的比例。所以，如果你的跳出率是81％，那么意味着81％的人在进入你的网站后只浏览了一个页面，就点击了浏览器的返回键，或者关掉了页面。退出率是针对网站某一页面而言。当该页为访客此次访问网站的最后一页时，该页面即为此次独立访问的退出页面，统计为一次退出。举个例子，如果你的"关于我们"网页的退出率是75％，这意味着75％的人在看完这页网页后退出了网站。

────────────────────────────────────

下面是对于这些重要工具的简单介绍。

■ Google Analytics——我们对 Google Analytics 还能有什么不满意呢？通过在网站置入一串代码，你就可以知道人们如何找到你的网站、如何浏览你的网站，以及在网站停留多久。Google Analytics 在使用时会变得越来越笨重，有时甚至成为绊脚石，但总体来说，这真的算得上一个出色的工具，每个网站维护者都应该使用。

■ KISSmetrics——这个软件在尝试做一些谷歌不能做的事。换句话说，他们收集数据并且帮助你弄明白到底是怎么回事，而不是简单地把数据扔给你。每份数据都绑定一个真人，这样你就能弄明白他们处于你销售渠道的哪个环节。KISSmetrics 由尼尔·帕特尔创建，他还建立了一个叫做 Quick-Sprout 的博客。（不要和我们接下来讲的 SproutSocial 混淆。）

■ SproutSocial——有了 SproutSocial，你就能在显示器上实时监测客户对于你上传在社会化媒体频道上的内容作何反应。它有一个简单易行的仪表盘（后台控制），能提供适量的数据和信息，使数据量不至于太多。如果你想找一个可靠万用的仪表盘，千万不能错过 SproutSocial。

■ Webfluenz——它是一个社会化媒体管理平台，可以允许你从一个地方控制、分析、参与乃至开展你的整个社会化媒体活动。你可以查看访客的人口统计、地理范围和一系列的其他项目。Webfluenz 尤其适合大规模、拥有全球性业务的企业使用。

网上提供各种各样的工具帮助你追踪客户信息。但是 Google Analytics, KISSmetrics, SproutSocial 和 Webfluenz 是这类工具中一流的，你不能不用。

测量竞争对手的网站流量

你可能对于测量自己网站的流量感兴趣，因为这能为你瞄准目标市场提供更多认知。与之相似的是，你也应该对竞争对手的网站流量感兴趣，因为这能帮你了解它们的客户和潜在客户。两个指标都很重要，却又各有千秋。

最好的能够测量竞争对手博客访客量的工具是Compete. com。它的免费版本是一款强大、有吸引力的产品，可以帮你在竞争对手的网站上追踪数据。（Compete. com并不追踪所有的网站，因为这没有意义，它只追踪合理范围的数据流量。）Compete. com还可以让你比较多个网站的流量情况，比如说，你可以一次比较 AcmePlumbing. com，ZZZPlumbin. com 和 AAAPlumbing. com 的月访问量。

Alexa. com 是另一款同样出色的流量测量工具。通常针对大型网站，但有很多好用的功能，对于喜欢检测特定网站聊天数据的人会派上用场。这些功能包括查看流量统计、受众信息、流量排名、页面访问量、到达率及跳出率等。

测量你的社会化媒体渠道的流量

你的大多数 YouTube 观众在哪里呢？你的脸书粉丝地域分布情况如何呢？你的领英群组中多少人就读于耶鲁大学？在

你现有的社会化媒体渠道中，通过对工具更深层次的使用，你可以轻松推导出一些新的见解。

下一次你上传视频到 YouTube 频道时，进入"我的账户"，进入个人信息页面，在这里你会找到访客有价值的信息。你能了解到哪个年龄段的人在看你的视频、性别比例，以及视频总浏览量。你甚至能知道人们在看你的视频时的专心程度。说真的，YouTube 还提供一些分析工具，告诉你人们在看视频时是否有做其他事情（比如查收邮件）。这还真有点吓人，但也很酷，不是吗？

脸书也有类似设置的工具。Facebook Insights 可以提供你的所有粉丝的信息、他们在页面上的相互交流，以及他们做的各种涂鸦墙。它还可以提供人口信息，比如年龄和性别。你可以在 easy-to-use 上筛选这些信息，图表能快速提供给你关于访客在脸书页面交流的快照。

领英提供有关你链接的信息，相对广泛的人群，它更专注于个体。比如说，你能了解到你联系的某人在哪里上大学、在哪里工作，以及他是否认识你认识的人。领英非常适合从事销售的人员，因为他们在和某人取得联系前就必须对他有相对深入的了解。

类似的工具如雨后春笋般出现在网络上。有些工具可以帮你深入了解你在推特、Flickr、Vimeo 或其他站点的粉丝情况，所以时刻注意它们吧。当然最重要的是学会使用它们，在从数据中得到预期的发现之前，收集信息还是很重要的。

测量你在不同平台的提及率

你想了解人们在博客、微博、留言板、维基百科以及视频分享网站上如何评价你的品牌吗？在从前这真的很难，现在，社交工具诸如 Social Mention，Spiral16，Google Alerts 以及 BrandsEye 就可以帮助你做到。

让我们快速了解以下工具：

■ Social Mention——这个基于网络的简单工具，能让你在博客、微博这样的流行频道中，搜索相关的品牌提及率，并且分析其中针对你的品牌的看法。你可以设置"随时通知"，这样一旦有人提及你的品牌，系统就会马上通知你。

■ BrandsEye——这是一款有细微差别的社会化媒体收听工具。通过查找品牌提及的所有次数、访客的口碑和看法，BrandEye 帮助你管理线上的品牌声望，它甚至会标注出来提示你马上关注。

■ Oracle Social——这个软件不止于监控网络上过去有关你品牌的留言，还可以分析具体的帖子或帖子的片段，以获得有关你品牌的真实看法。此外，它还可以识别谁是你的品牌影响者。Oracle Social 十分适合大中型企业客户。

■ Spiral16——如果你是很个注重可视化的人，Spiral16 正好能为你所用。这是一个可以帮助你聆听、测量并将你的品牌线上形象视觉化的网络平台。你可以评估传统活动在你的社会化媒体活动中具有的影响，并理解为什么消费者会那么做。这是一个数据中心平台，利用图表快速高效地帮你发现趋势并实时跟进。

■ Google Alerts——如果你还没开始使用 Google Alerts，那么放下书，去 Google. com/alerts 设置一下吧。花两分钟输入几个关键词，之后你每天都会收到电子邮件，提醒你有关键词出现的信息和来源。比如说，你可以设置提醒谁提到了你的品牌或对手的品牌，甚至可以将标题设置为"营销贴士"或"如何利用社会化媒体赚钱"等提示语。

其他量化指标

随着社会化媒体活动不断拓展，你会希望再多几个重要的数据跟踪指标，以下就是这些指标列表：

- 社会化书签
- 网站入站链接量
- 网站点击量
- 脸书上的赞和收藏量
- 电子书下载量
- 用户评论
- 排名
- 通过付费媒体和免费媒体产生的访问量
- 投票参与度

  - 测试参与度
  - 新的行业电子快讯订阅量
  - 电子快讯取消订阅量

社会化媒体洞见 ————————————————————————➤

对获取的数据进行分类，你会从每组数据当中探索出重要的发现：

● 自己网站的访问量

● 对手网站的访问量

● 自己社会化媒体频道的访问量

● 有关自己的品牌、竞争对手的品牌的评论，或其他你尚未掌握的
社会化媒体频道上的评论

● 内部链接、排名、电子书下载以及其他相关的测量指标

实际情况是，谁都希望只花几分钟时间就了解到社会化媒体活动提供的丰富信息，问题不是缺乏数据，而是数据太多。将数据进行分类，就会很容易想起由它得出的结论。

小结

关键理念　关于社会化媒体活动，你可以测量大量的数据，如你的网站访问量、对手的网站访问量以及你拥有的社会化媒体频道的访问量。

行动方案　将你的数据分类打包，这样你能理解这些信息，并

从中发展出新的认识。

关键理念　你可以用一些小工具收集关于你的品牌、对手的品牌以及产业的评论，这些工具有 BrandEye，Spiral16，Google Alerts 以及 Social Mention 等。

行动方案　不是所有的工具都要用到，那样你可能会被淹没在数据当中。最好是开始先用 Google Alerts，然后再加一个前文所列的其他工具。

关键理念　有些重要的量化指标，不在我们刚才所做的归类中，如电子书下载量、网站入站链接量、用户生成率以及其他数据指标。

行动方案　去找你愿意采用的三～六个额外指标，尽管没有收入我们创建的指标清单当中，并不意味着它们不重要，你也应该关注它们。

测量定性数据

在前一章，我们讨论了社会化媒体活动中，你需要使用的定量测量工具和技术，如推特跟帖人数、网站评论数量以及网站的跳出率等。

所有这些都是重要的数据，但这只是全面彻底了解社会化媒体活动影响的第一步。定量数据很重要，定性数据也同样重要。

什么是定性数据？就是人们围绕你的产品和服务产生的情感、想法或者感受。你可以通过研究人们在网上的言论，获得对自己品牌的深层认识，以及了解人们如何感知你的品牌。之前，我们提到过，客户说产品"不贵"和产品"便宜"，这两者有很大不同；如果有人评价你的 YouTube 频道很"有趣"，这比评价"好笑"强多了。

有两种主要途径可以帮助你通过获得有关社会化媒体活动

的定性数据。第一种是使用互联网上的可用工具来"倾听"人们关于你品牌的公共交流信息，第二种是利用站内调查和站外调查直接询问顾客。

现在我们来谈谈站内调查和站外调查。调查是能让你从人们对品牌的印象中获得数据和看法的工具。站内调查，是等待用户到你的网站上发现调查问卷并依次在上面做选择；站外调查，就是走出去，邀请客户和能够接触到的潜在客户参与问卷调查。

你知道吗? ────────────────────→

大多数人陷入了一个误区，就是只衡量定量数据，然而最深层的认识和看法往往是通过分析定性数据发现的。

有三个用于站内调查的流行软件，分别是 UserVoice，Kampyle 和 Get Satisfaction。可能你在一些博客和网站见过它们。其代表性特点是，在网站上安装一个标签或按钮，一旦点击，就会为访客生成简短的问卷或讨论，从而得到有效反馈。

以下是这些平台的简要介绍：

● UserVoice 很容易安装，并且对于持"客户服务至关重要"理念的公司来说，它堪称完美。超过 16 万个组织使用过 UserVoice，它也是第一家在网页上提供可嵌入反馈按钮的公司，现在这项技术在很多网站上可以看到。UserVoice 还有咨询台功能，为你的网站访客提供在线客户服务。

● Kampyle 允许你植入一段代码在网页一角设置反馈按钮。用户看到反馈表格，填写有关你的品牌、网站或博客的一些简短建议、赞美或者体验。

● Get Satisfaction 允许从不同类型的平台上获取用户反馈，例如脸书和 WordPress。用户可以提问、分享看法、报告问题或者给予表扬，你同样有义务对此作出回复。

制作一份完全由网站设计的站内调查，可以得到更大范围的调查反馈。正如之前探讨过的，星巴克利用 Mystarbuck-sIdea.com 这个网站来完成站内调查，它为顾客提供机会与他人分享改进星巴克经营管理的一些创意，然后投票选出大家喜欢的风格，并讨论哪些是大家最喜欢的，从顾客的反馈中看到结果。这是一个强大的网站，有大量的链接和网页，绝对值得一看。

站外调查是由你设计并发送给客户和潜在客户的调查。最简单好用的方法是通过电子邮件发送，比如 FluidSurvey，SurveyMoney 或 iContact 这类工具。绝大多数情况下，通过你发送的邮件内容，客户被引进你可以追踪结果并能展开分析的调查页面。

设计调查问卷

在站内、站外调查中，你想问哪些问题呢？你应该怎样设计问题呢？从那些不购买你的产品和服务的客户身上，你能了解到什么呢?

思考一下,让这些小问题帮助你开始设计问卷。

● 每个问题只涉及一个主题。如果这个主题很复杂,那么将其分解成几个问题。

● 确定你的问题是清楚、明确的。先在商业伙伴中测试一下,确保其中没有被误解的地方。

● 你有兴趣了解客户是否满意吗?关于客户满意度的问题包括:你对购买的商品满意吗?你对服务满意吗?你对我们的公司满意吗?

● 你想了解自己的客户是否忠诚吗?关于客户忠诚度的问题包括:你是否愿意再次购买本产品?你是否会将本产品推荐给他人?你是否愿意将我们公司推荐给他人?

记住,调查不仅仅是为了获得信息,更是为了获得商机。你发现了哪些趋势?它们是否因地区变化而不同?根据人口学知识如何解释你的调查呢?你从数据中能发现哪些隐藏的商机呢?别只看数据,尝试从其中找出能付诸行动的暗示。

失去一个客户可能比获得一个新客户让你学到更多东西。如果你能联系到那些没有购买你产品和服务的客户,询问他们不购买的原因,如果他们能说清理由,那你就要深思了。有时候他们的理由也许会让你大吃一惊:"我不喜欢你们公司的Logo。"而有时候,答案也许会让你感到挫败:"你们的销售员不回我电话。"

倾听线上对话

有一件事毫无疑问算好事，那就是人们在博客、论坛、推特、脸书页面或其他社会化媒体平台上发表有关你的品牌的评论，这些会成为公共信息。这就好比他们站在街角举着喇叭，对着全世界宣布他们是（或不是）你产品和服务的粉丝。

更好的事情是，有大量卓越的软件工具监控这些交流，有些还是免费的。当然最好的是那些付费的。想要对客户和潜在客户有深入的了解，这些工具还是能够胜任的。

但是别急——还有更好的，有些工具实际上已经为你做了你想做的。毕竟，如果你下载了有关你企业的大量评论，你很快就会受到打击。最好的工具是能够让你对围绕你品牌的评论抽丝剥茧找出核心观点，这样，对于客户的想法和感受你就有了充分认识。

社会化媒体洞见 ————————————————————————————→

定量数据能让你对自己的社会化媒体活动情况有直观的认识，定性数据则让你对客户的需求和诉求有深层的认识。

我们在前一章已经探讨了围绕社会化媒体活动进行定量分析的工具，其中一些也可以帮助分析社会化媒体沟通的定性数据。换言之，它们为你提供了了解交流背后所蕴藏含义的助力。

我们先快速了解一下这方面最重要的几个工具：

■ Social Radar——这个工具能帮你追踪、测量、分析以及理解网络的聊天内容。你可以追踪新产品的市场投放情况，评估广告的反应，听取来自消费者的想法和建议，辨别这些声音，重新审视应该在哪里投放广告并开展营销活动。你甚至可以追踪、测量任何时段任意话题的提及次数，最重要的是，你可以感受客户沟通中的情感因素，了解导致"如此这般评论"背后的情绪原因。

■ Socialbakers——如果你正在寻找一些深度数据用以测量、比较、对比你和竞争对手的社会化媒体活动，那么这个数据分析平台无疑是最好的。他们的网站上有大量可用的免费数据，以及专业的全球分析。世界 500 强企业中的 20％都在使用 Socialbakers。

■ Vocus——这是一个包罗万象的线上营销工具，附带许多诱人的功能。如果你不仅仅是聆听社会化声音，更是在寻找强大的线上管理工具，它绝对是一个能传递好东西的可靠平台。

■ CrowdBooster——如果你喜欢那些浅显易懂的图表，那么你应该试试 CrowdBooster。关于回复、印象、赞、评论以及其他实时指标的数量变化非常直观，这样你可以快速适应用户反馈。

■ SproutSocial——我们之前几次提到 SproutSocial，它的确是一个功能优异的平台。在监控关于你的社会化媒体活动的定性数据时，SproutSocial 就履行了自己的承诺。

■ Spiral16——这个工具能帮助你在网上倾听、测量以及直观展示你的品牌表现。你甚至可以测量传统活动对于社会化媒体活动产生的影响和效果，并且理解客户如此行事的原因。

■ Oracle Social——这是一个网络云服务，可以帮助你管理、测量客户关系和社会化媒体频道。包括社会化声音、社会化关系、社会化出版、社会化内容以及社会化分析。花费并不昂贵，但是功能齐全，尤其适用于大中型企业。

■ Rapleaf——有了 Rapleaf，你可以逆向添加现有数据，比如 E-mail 地址，以适配社会化媒体的设置。换言之，你可以使用你的 E-mail 数据库，以领英、脸书和其他社会化媒体平台的设置为基础，深入发掘现有客户的想法、需求、意愿等。这不是一个经典的社会化品牌监测工具，但如果你有现成的数据库它会非常有用。

以上内容应该能让你对测量社会化媒体活动定性数据的有效工具有一个快速全面的了解。这类工具在互联网上不断推陈出新，所以在查找"社媒管理工具"或"如何评估网络意见"上不要犹豫。

测量定性数据时要规避的三大错误

人们在设定社会化媒体定性数据测量程序时，往往会犯三个错误。时刻提醒自己，避免搬起石头砸自己的脚：

■ 收集太多数据——人们总倾向于收集关于自己社会化媒体活动的庞杂数据，但其实最好的解决方法是在刚开始时分析一小段数据，从中观察并寻找趋势，当你完全掌握如何处理这些数据片段后，再加入一段或两段新数据，如此反复。

■ 不分享数据——如果你正开展营销活动，你看待数据的视角就会不同于销售人员，也不同于管理层。记住，分享数据不是在办公室里到处兜售你的数据电子表格，而是附带提供基于这些数据的发现。在你分享这一发现时，其实意味着你允许别人利用你的初期投入进行更深入的研究，这对你和你的公司都有好处。

■ 不依据数据行动——这是另一个常犯的错误。只有用它做事，否则数据只是数据。如果你准备做报告，确定报告结尾处的行动步骤是以数据为基础。

小结

关键理念　你可以使用两种社会化媒体调查方法：站内调查和站外调查，从中获得可用数据。

行动方案　确定哪种调查方式最能实现你的意图。有时候，你可以将站内调查和站外调查结合起来使用，以获得最满意的结果。

关键理念　有大量实用的工具可以帮助你管理社会化媒体上有

关你企业的在线交流。

行动方案　使用工具收集数据，但是别忘了利用你最厉害的武器——你的大脑，从数据中发现趋势。

关键理念　在监测社会化媒体定性数据时，要记得规避三种常犯的错误：（1）获得太多数据；（2）不共享数据；（3）不依据数据行动。

行动方案　这三个错误当中，最严重的是不依据数据行动。如果不依据数据行动，那收集数据还有什么意义？

23

最重要的测量标准：投资回报率

我们已经讨论过什么是营销以及它的未来走向，现在我们来谈论些重要的东西：投资回报率。毕竟，筹建、开展和管理社会化媒体活动的唯一理由就是为了赚钱，不是吗？

在我们深入讨论投资回报率之前，先来了解一个重要概念，那就是顾客终身价值（CLV），是你在与一位顾客的终身联系中所得到的收益总和。

比如说，假定你是一位有线电视服务提供商，平均每名顾客每月向你支付 100 美元服务费，12 个月后你能从一名普通顾客手中赚得 1 200 美元。但顾客使用你的产品并不止一年，他也许会使用 3.5 年，这意味着他的顾客终身价值为 4 200 美元（100 美元/月×12 个月×3.5 年）。

下一步是搞清楚获得一个顾客你得花多少钱。很多营销总监（以及财务总监）认为，该笔投入为客户终身价值的 10％

是合理的估计值。所以在本案例中，你获得一个新客户的营销费用是 420 美元，这就是你能接受的每取得成本（CPA），也叫做每次销售成本（CPS）。

很多企业在分析顾客终身价值和每取得成本上花费大量时间。一种极端情况是，假设你有一家软件公司，销售 49 美元的软件，客户每两年购买一次，只有软件进行重大升级时，用户才会考虑再次购买。在这个例子中，企业的顾客终身价值只有 49 美元（因为客户只在产品有重大更新时二次购买），那么留给企业的只有 4.9 美元的可用每取得成本。

另一种极端情况发生在汽车公司。公司的一款车售价 4 万美元，如果顾客在更换品牌前，平均从该公司买走 2.5 辆汽车，那么他的顾客终身价值就是 10 万美元，可接受的每取得成本就是 1 万美元，这个数字就相当不错了。

其实，你可以使用多种方法计算顾客终身价值和每取得成本，上面的例子提供了最基本的公式，便于你更好地理解、衡量与社会化媒体活动投资回报率相关的各个指标。

利用社会化媒体留住客户

一般的商业经验法则是，获得一个新客户的成本是留住一个老客户的 3～5 倍。这也是大多数企业将时间和金钱投入到维系老客户上的原因之一。

比如说，你现在拥有一家家得宝店面，街对面有一家劳氏。[①] 你也许会花大量的金钱训练员工，以便他们知道需要掌握的如何维系客户的一切信息。如果获得一个新客户的花费是阻止一个老客户流失的 3～5 倍，那么集中时间和金钱留住现有顾客才是明智之举。

另一个著名的例子是康卡斯特有线电视公司。从美国电话电报公司（AT&T）到美国直播电视集团（DIRECTV），康卡斯特面对许多强大的竞争对手。康斯卡特、美国电话电报公司和美国直播电视集团都了解各自的顾客终身价值和每取得成本，并在如何保持现有顾客上，花费大量的财力培养客户服务代表。

一天，弗兰克·伊莱亚森在推特上闲逛的时候，看到很多康卡斯特的老用户在上面发泄自己对康卡斯特的不满，才突然意识到保留现有客户的重要性。作为康卡斯特的老员工，伊莱亚森恰好了解公司的顾客终身价值，也恰好知道对于任何一个公司来说，赢得新客户都非常困难这一事实。所以伊莱亚森看过人们在推特上的抱怨之后，觉得这倒是个契机。

他知道自己可以远程解决一些客户问题。比如，客户的互联网连接掉线了，解决方法通常是关闭调制解调器然后再重新

---

① 家得宝是美国第一大室内装饰材料零售商，劳氏是其最强劲的竞争对手。这种情形如同在中国大街上见到肯德基，在其对面或旁边必定能见到麦当劳一样。——译者注

打开。有一半用户在网络上描述他们的遭遇，抱怨网络连接问题，伊莱亚森意识到他可以通过推特解决这个问题。（比如这样，"嗨，@60SecondTweets——如果你的网络链接有问题，请重启调制解调器。如果还是不行，请致电给我们：1-800-COMCAST。"）

现在假定康卡斯特的顾客终身价值就是之前提到的 4 200 美元（只是猜测，不过可能相差不多），通过计算，其可接受的每取得成本就是 420 美元。如果获得一个新客户的成本是留住一个老客户成本的 3~5 倍，那么伊莱亚森每次阻止客户离开康卡斯特转投美国直播电视集团，相当于为公司节省了 1 260~2 100美元。

但是，在你拿着这些数据跑去找你的财务总监之前，你需要注意以下事项：第一，我们并不确定康卡斯特的顾客终身价值是4 200美元。第二，行业不同获得新客户的费用也不相同，所以 3~5 倍的费用也许并不适用你所在的公司。第三，不是所有在推特上抱怨你的客户都会投向竞争对手。（实际上，只有很小比例的人会这么做）。即便如此，这些数据依然能让你对于如何建立模型、计算社会化媒体项目的投资回报率，有一个全新的认识。

社会化媒体洞见 ————————————————————————→

如果你知道你的顾客终身价值和可接受的每取得成本，那么你就可以计算出社会化媒体项目的投资回报率。

利用社会化媒体活动创造消费意愿

有很多企业在电子商务网站上通过网络销售产品。此类运营成功的有 1-800-Flowers，iTunes 以及 OverStock. com。可是如果你并不在网上卖东西呢？如果你仅仅是个除草员、汽车经销商，或是一名地产代理，会怎样呢？如果你是这些行业当中的一员，你会对促成消费线索感兴趣的。

消费就是潜在客户对你的产品或服务（或是对你竞争对手的产品或服务）主动产生的兴趣。如果你能捕捉到这样的意愿，并通过销售渠道加以培养，就可以将其转化成你的客户，为公司带来收益。

使用社会化媒体活动培养消费意愿时，大多数人面临的挑战是，他们不能坚持到最后一步。他们用社会化媒体活动去建立客户对产品和服务的意识、需求，但他们不知道如何迈出最后一步，将这些转化为有效的意愿。

利用社会化媒体活动制造消费意愿的好办法之一，就是成为目标市场人群的信息站。BKV 公司在 60 秒营销人网站上就是这样做的。

我们提到过，BKV 是一家提供高度可测量营销方案的营销传播公司，为诸如美国电话电报公司、六旗集团以及美国红十字会等机构提供服务。60 秒营销人网站的建立，就是全球各大公司的营销总监根据 BKV 目标市场的分析而得到的共识。

　　如果你能接触到这些公司当中某位有代表性的营销总监，你会发现忙得不可开交的他十分担心落伍，热衷学习有关营销的最新工具、技巧和技术等。据 BKV 估计，市场总监每月会下载两到三本营销白皮书，但他们只有时间读其中的几页纸，剩下的就堆在桌子上，根本没时间碰，然后每三个月回收清理到垃圾箱。

　　如果你能从这些白皮书里提炼出精华内容，结果会如何呢？如果你能将这些重要的信息，精练压缩成一段大概 60 秒的短视频，使得营销总监们在短时间内得到有关新工具、技巧和技术的关键信息，结果又会如何呢？

　　BKV 在 60 秒营销人网站做到了。BKV 的自我定位是营销总监的信息站，并推出了 BKV Digital & Direct Response。BKV 通过 60 秒营销人网站获得了潜在客户，培养他们，直到实现销售，将其转化为自己的消费者。

　　60 秒营销人使用中心辐射型结构吸引潜在客户访问网站，并吸引他们的注意。当潜在顾客在电子杂志网站注册，加入一个免费的网上研讨班，或者参加了 60 秒营销人网站的活动，BKV 即长期、全面地掌握他们的信息，结果就是一部分已确定的、忠诚的潜在客户转化成消费者。

　　你也可以用社会化媒体活动做同样的事。当你看完本章内容后（请不要提前），我们提议你设计自己的中心辐射型结构，借助它来分析拓展业务时需要使用哪些社会化媒体工具来获取消费意愿数据。

将消费意愿转化为消费

在你已经捕获到潜在客户的消费意愿数据时，你该怎么做呢？你应该对他们进行二次营销，形成循环。消费意愿只有在你行动起来，并将它转化为真实消费时才有价值。

这一切要求付出传统的辛勤努力。我们的父母和祖辈使用电话和营销信件来联系业务中的潜在客户，电子邮件是另一种能将潜在客户转化为客户的好工具，唯一不同的是你的祖父辈，甚至包括你的父辈都不曾使用过。

只有通过辛勤的工作达成销售，潜在客户才有意义，这是最后一步，也可能是最难的一步。但是完成这最后一步决定了你会成为社会化媒体活动的超级明星，还是只能成为一个想成为超级明星的普通人。

追踪社会化媒体投资回报率

在第 21 章中，我们提到过真正重要的衡量社会化媒体活动的指标是投资回报率，其他任何指标——流量、评论、粉丝、消费意愿，都只是通向投资回报率途中的一个个小站。

在本章，我们提出很多重要的概念，如顾客终身价值、每取得成本、消费意愿以及潜在客户转化等。如果你明白这些概念，剩下的最重要的就是追踪数据，以及利用这些数据改善活动结果。

有个老生常谈的问题许多人都很熟悉：如果无人在场，树林中的树在倒下时，还会弄出响声吗？同样的道理适用于社会化媒体：如果不对社会化媒体活动进行评估，它还能起作用吗？答案是："不能。"社会化媒体活动没被评估过就不能说它有效，因为你无法评价它是否起作用。

对于评估社会化媒体活动的细节，每个公司各有不同，我们举个简单的例子来说明。假设现在你经营一家草坪养护公司，一名普通顾客每月为你的服务支付 80 美元，并持续使用 3 年，那么你得到的顾客终身价值就是 2 880 美元，可接受的每取得成本为 288 美元。

从前，你一直把直接邮寄广告作为自己开发潜在客户并将其转化为客户的基本工具，并引导他们达成销售。如果直接邮寄广告活动的转化率为 0.5%，你必须发 200 封邮件才能获得一个客户。如果直接邮件广告的印刷费、邮资、表单以及营销花费为每封 1.44 美元，那么总费用正好是 288 美元。你做得真是不错。

但假设首席执行官或者财务总监决定尝试社会化媒体活动，取消现有的邮件营销活动，那么结果就变得有趣了。假设你每年花费 2 400 万美元用于发送 200 万封邮件，获得10 000 名新顾客（200 万封×0.5%＝10 000名新顾客）。如果你在每个顾客身上每年获益为 960 美元，则每年从新顾客身上增加的收益为 960 万美元（别忘了你会有部分客户流失，所以 960 万美元中的一部分要用于弥补流失的客户的损失）。

你想要检测社会化媒体活动比起直接邮寄广告效果到底如何，那么假设直接邮寄广告每年花费 240 万美元，安全的方法是在实验性的社会化媒体活动上花费上述费用的 10％，也就是 24 万美元。

筹建、启动和开展社会化媒体活动的相关费用常常被低估，因为使用推特、YouTube、领英或者其他媒体平台并不产生费用，人们就会认为开展社会化媒体活动是很廉价的。但实际上在运营社会化媒体活动时投入的人力是显而易见的，所以需要对社会化媒体活动中由此生成的内容付费。

如果你在一家大公司工作，需要维护品牌，需要在网站上制作精良的登录页面，这都需要花钱。同样，制作优质的YouTube 视频和开展高效的脸书促销活动也需要花钱。

重点是，你需要深入挖掘社会化媒体活动的隐性成本，以获得对活动投资回报率良好、清晰的了解。在上面的例子当中，我们假设你有 24 万美元用于人力和生产支出，如果这 24 万美元想实现和直接邮件广告相同的投资回报率，那么你需要获得 1 000 个新客户。

事情并不像看起来这么简单。你的目标之一可能是吸引10 万人登录你的社会化媒体活动的主页，假设你能做到，其中 1 000 人将会转化为消费者的计算也是合理的，那么与直接邮件广告比起来，社会化媒体活动也算物有所值。从这一点上

看，要做的就是试用不同的方法，增加站内流量并提高客户转
化率。

最终目标

你必须要做的最重要的事，就是追踪社会化媒体活动转化
潜在客户的能力。当你能追踪到这一层面的数据时，就可以计
算出投资回报率了。假定投资回报率为正，你就可以不断扩大
活动的规模并逐步提高效率。这些最终都会转化为利润。

小结

关键理念 顾客终身价值是指你与一个普通消费者保持联系的
期间内从他身上获得的全部收益。

行动方案 根据简单的公式计算，顾客终身价值（CLV）＝月
收益×12个月×平均客户生命周期。

关键理念 可接受的每取得成本（CPA）是你获得一个顾客所
支出的费用。

行动方案 用顾客终身价值乘以10％就是你可接受的每取得
成本。

关键理念 消费意愿和潜在客户只有在转化为实际的消费时才
有价值。

行动方案 必须承认一点，那就是社会化媒体活动只有能将潜在客户转化成实际消费才有开展的意义。因此，需要追踪社会化媒体活动中潜在顾客转化率的数据，以获得对实际投资回报率的清晰认识。

HOW TO MAKE MONEY WITH
SOCIAL
MEDIA

第六部分

社会化媒体活动的保障与成功秘诀

24
社会化媒体活动顺利进行的重要保障

如果你是房地产代理商、室内设计师，或者是景观设计公司，那么设计、开展和管理社会化媒体活动的想法是很容易付诸行动的。只有极少数的人勉强接受这个说法。而且计划和战略制定得再详尽些，你很快就会在竞争中脱颖而出。

如果你在一家大公司就职，得到认可是你面临的挑战之一。你一定会被要求为 10 个、100 个甚至 1 000 个分配给你、协助你执行项目的人制定行为准则。

请记住我们的朋友艾瑞克·奎尔曼在他的著作《社群新经济时代》中说的："想知道拉斯维加斯发生的事，去 YouTube 上看看吧。"① 谨记，在社会化媒体领域中苦心孤诣地经营了

---

① 指没有一个地方发生的事不被大家知道和议论的，社会化媒体时代没有秘密。——译者注

一番，你的公司最不愿意看到就是不负责任的评论或者不合适的交流，而这是我们已知的摧毁成功的社会化媒体活动最快的方法。但同时，要意识到社会化媒体活动的滚雪球效应也很重要，尤其是当员工被赋予了在社会化媒体渠道公开、快速发表回复的自由时。

让我们看看之前提到的五大核心价值观，以此为原则为企业社会化媒体项目编写行为准则。这些核心价值观是以我们调查过的戴尔和可口可乐公司的社会化媒体活动为基础总结出来的。

社会化媒体行为的五大核心价值观

所有需要参与社会化媒体对话的员工，都应该学习以下几大核心价值观：

■ 尊重——与你进行社会化媒体对话的另一方同样也是人。他们和你一样有感情、有情绪、有自己的观点。要像对待邻居、对待朋友一样对待他们。

■ 责任感——主动参与，获取信任。如果你被分配到社会化媒体运营团队中，意味着你需要承担一定的责任。请以此为荣，并认真对待。

■ 正直——要有可靠、正直的人品。想象你的祖母正在看着你。

■ 有道德——言行举止应诚实、正义。如果你发现你所做的事情不能完全公之于众，那么那件事可能不一定正确。

■ 增加价值——推进你的整体交流内容，给每个对话者提供新的发现、新的观点或者其他有用的东西。每次将你的谈话进程推进一点，就是在一步一步地帮公司实现目标。

现在。让我们深入挖掘一点，看一下基于五大核心价值观的 17 条行为准则。

社会化媒体行为的 17 条准则

在上一节列出的每个核心价值观下，都有几条行为准则，可以激励员工对于你的社会化媒体倡议充满使命感。

尊重

● 尊重财产。对于你公司和其他公司的观点和财产都应予以尊重。适时给予赞扬，被需要时得到许可①。

● 尊重隐私。获得的任何信息或客户个人身份信息都不能不负责任地发表或者滥用。这条准则没有例外。

● 尊重版权和商标。未经许可，不能发布其他公司的商标或属于其他公司的版权资料。

---

① 根据西方文化和习俗，即便是看到对方需要帮助，你也应该礼貌地请求对方允许或接受你的帮助。——译者注

责任感

- 承担个人责任。你发布了内容，就要承担后果。
- 展示良好的网络行为。表达自己的想法，但是要记住你说的任何内容都会在互联网上永远留存，经营网站要遵守法规。
- 谨慎代表你的公司。你以公司员工身份发表的任何言论，都代表了你的公司。同样，当你的公司出了状况，在网络上有关你公司的刺耳言论也会波及你。如果公司内部发生了问题，请在内部解决。
- 不要混淆个人生活和工作。记住，任何你在个人脸书和MySpace上发布的内容，都会反馈到公司。

正直

- 显示透明度。如果你在一家公司工作，那么在评论你的公司或对手时，应保持公开透明。
- 运用良好的判断力。在网络上分享自己的见解时，应避免被认为低级趣味，因为这反映了你和你公司的素质。避免非法行为。
- 为你的论点提供论据。为自己发布的内容提供背景支持。论点要经过再三思考，这要比用"来自×××"证明你的观点更有效。

有道德

● 保护公司的版权专利等信息。根据合同，你有义务保护公司至关重要的信息，以及受法律保护的商业秘密。

● 不要影响正常工作。在工作中保持积极性，不要在网络空间迷失自己，这点很重要。要认识到，客户服务最好能通过社会化媒体解决，避免发布关于公司新的着装要求的意见，那对公司没有任何价值。

● 把专业的事交给专家。读者可能对某些产品或服务有异议，而你的知识又有限，那么将这些问题交给专家来解决，同样的道理也适用于公共关系问题。

● 发布真实的信息。做好调查，保证自己传播的信息不是谣言，发现问题后尽快纠正。

增加价值

● 为客户提供价值。社会化媒体让消费者更近距离地接触你的产品和服务，在脸书上咆哮着抱怨物流部门把一切都搞砸了，只会让你看起来很无能，并且不能为消费者提供任何价值。不回复消费者的评论也是同样的效果。

● 监控你的社会化媒体网站。在脸书上发布了内容却不把网站显示出来，那样将毫无意义，也没有任何社会化媒体参与度。网上资源一定要通过主动的监控和参与来培育。

● 别忘了受众。不要忘记读者和客户，甚至是员工，不论是以前的、现在的还是未来的。不要发布任何可能损害他们的内容，也不要发布让他们与你产生疏离感的内容。

执行准则宁早勿晚

互联网上时不时盛传一些公司或个人希望自己当初能遵守相应准则的故事，其中引人侧目的一个就是达美乐比萨(Domion's Pizza)，这家公司每年花费上千万美元来培育自己的品牌。

遗憾的是，在北卡罗来纳州，当地一家特许经营店的几个混混员工闲来无事，决定搞个恶作剧。于是他们把平时练习准备食物的极不卫生的场景录制了一段视频，上传到 YouTube 上。互联网病毒似的传播速度让这个视频在上传当天就收到了一百多万次的点击量，更糟糕的是不久之后谷歌的首页就出现了五个关于该视频的链接。

小经销商少数几个不负责任的员工的恶作剧之举，造成了对品牌如此大的伤害，实在令人唏嘘，这需要花费多少时间和金钱重建本来良好的商业信誉啊。可是，社会化媒体可不管你建立一个品牌花了多长时间，即使是上传到 YouTube 的内容不实。

达美乐不是唯一一个需要处理飞来横祸的公司。不久前，一家声望很好、致力于公共关系的大公司的一名雇员，正要飞往田纳西州的孟菲斯市，与公司在当地最大的客户联邦快递商讨有关社会化媒体事宜。然而，这位本该对社会化媒体特性有着更清楚认识的专家，居然在推特上表示了他对孟菲斯市的轻视，仅仅因为他在出机场时遇到的一点波折。

20分钟过后，正当他进入联邦快递总部大楼时，责骂声铺天盖地而来，大量在推特上关注了这位绅士的联邦快递员工，看到了他对他们生活的、引以为傲的孟菲斯市的不屑，觉得被大大地冒犯了。

几天之内，这个故事就传遍了世界，让这家公共关系公司及肇事雇员十分尴尬，并且引发了联邦快递公司要求解雇这位社会化媒体专家的呼声，而这个倒霉蛋本以为自己的推文没人会看呢。

当然，回头看看这些人的错误，事后诸葛亮似地批判他们的行为和回应真有些"站着说话不腰疼"的嫌疑。这当然并不是我们讲这些故事的目的，我们的用意是，当你开展自己的社会化媒体活动时，用这些例子来提醒你遵守社会化媒体活动准则是多么重要！

小结

关键理念　正如艾瑞克·奎尔曼所说："想知道拉斯维加斯发生的事，去YouTube上看看吧。"

行动方案　要让员工认识一点，一旦在互联网上发布评论、视频或者对话，想要消除它的影响非常困难。

关键理念 参与公司社会化媒体活动的所有员工都要遵守五大核心价值观和 17 条行为准则。

行动方案 为即将参与社会化媒体团队的所有员工回顾五大核心价值观和 17 条行为准则，看起来有点啰嗦，但是要让他们认识到这件事的严肃性。

关键理念 诸如达美乐比萨和联邦快递这样的公司与我们"分享"的在社会化媒体活动中的不幸经历，值得我们反思。

行动方案 达美乐比萨和联邦快递所犯的错，你也可能会犯，所以应该前瞻性地将这些准则融合到你的企业基因中。

25

社会化媒体活动取得成功的终极秘诀

我们在之前的所有章节中谈及许多重要内容，你也许在空白处草草记下了一些笔记，或者对于每章结尾的"重要理念"和"行动步骤"你也认真体味并付诸了行动，不过有时还是需要单独成章，罗列一份所有需要你执行的任务清单，将对你成功地开展社会化媒体活动大有裨益。

本章的目的正在于此。它并没有完全囊括我们在之前章节中探讨过的所有任务，不过它会给你开展活动开个好头。

当你每完成一步，你就用笔在它旁边标注一下，不知不觉中，你就会通过社会化媒体活动赚到真金白银。

准备工作

■ 审查过公司的业务，明白公司的任务、总目标和具体目标。

■ 审查过公司的销售方案，并且懂得如何将潜在客户引入销售渠道，进而将其转化为消费者。

■ 审查过公司的营销方案，并且明白营销方案在公司整体成功中起到的作用。

■ 审查过社会化媒体活动的战略、战术和工具，明白它们对于社会化媒体活动良性运作的重要性。

■ 一切就绪，问自己：我真的弄懂了一个潜在客户如何进入销售渠道，以及我真的会培育一个潜在客户，直到把他变成我们的消费者吗？如果得出的结论是真的明白，那就可以进行下一步了。

分析竞争形式

■ 总结公司最强劲的 5 个竞争对手的所有优势和劣势。

■ 梳理这 5 个竞争对手开展过的销售和营销活动。

■ 分析这 5 个竞争对手开展的具体的社会化媒体活动。

■ 制作一份竞争对手社会化媒体活动中很有效的策略和手段的清单。

■ 制作一份竞争对手社会化媒体活动中效果不明显的策略和手段的清单。

■ 进入竞争对手的领英群组、脸书页面、YouTube 频道、推特账号，以及其他社会化媒体网站。

■ 设置 Google Alerts，当你的竞争对手、所在的行业、你的公司在博客或网络讨论中被提及时，随时接收通知。

协调内部管理团队

■ 要求组织内部社会化媒体活动支持者保护项目，要求他们提供能够帮助获得社会化媒体项目成功的任何形式的支持。

■ 确认组织内部不支持社会化媒体的人员，开展工作帮助他们明白运作良好的社会化媒体活动给公司带来的价值。

■ 组成团队协助筹建、开展并管理公司的社会化媒体活动。

■ 建议每个团队成员尽快熟悉"如何利用社会化媒体赚钱"，确保所有成员在同一剧本中扮演好自己的角色。

■ 要求每个团队成员加入一流社会化媒体博客的电子快讯清单，如 SocialMediaExaminer.com，SocialMediaToday.com 和 60 秒营销人网站。

奠定成功的基础

■ 组建社会化媒体团队协助执行项目（团队可小可大，小到只需一个人，大到上百人甚至更多）。

■ 为社会化媒体活动设定具体的、可衡量的、可控的、务实的、有时限的目标（即 SMART 目标）。

■ 你和团队已经审查过 SMART 目标，鼓励反馈和投入。

■ 对目标市场做深层分析，并且彻底弄懂目标是谁、什么使他们起作用。

- 开始社会媒体活动，这样就可以进行评估了。

- 对三大类社会化媒体平台进行总结：社交型平台、推广型平台和分享型平台。

- 为社会化媒体活动构建战略框架，这将有助于实现商业总体目标。

- 为社会化媒体活动设计战术思路，这将有助于实现战略目标。

- 为社会化媒体活动制定执行方案，这将有助于实现战术目标。

- 把社会化媒体活动与全部品牌活动结合在一起，这样，它们实际上已经统一化了。

启动或重新启动社会化媒体活动时期

为了尽快开始，已经完成了以下任务：

- 更新公司在领英、脸书、推特上的网页，创建Pintrest、谷歌上的主页，开始与客户有关的所有社会化媒体渠道的活动。（这里做得别过头，只开通与客户有关的社会化媒体渠道。）

- 开通博客，可以链接进入公司网站。

- 开通 YouTube 频道。

- 利用 AWeber, Constant Contact, iContact 和其他一些电子邮件服务商为客户和潜在客户开办电子杂志。

- 更新公司在维基百科的资料。

- 上传资料到 SlideShare, Scribd 和 Slideo。

- 在公司网站添加反馈、用户声音和获得满意几个板块。

- 投资并开通其他社会化媒体平台账号，包括 hi5，Tumblr, Plaxo, XING, Ning 和 Friendster 等。

明白社会化媒体活动是个持续的过程，不能靠"每天五分钟"轻松搞定它。因此，可以实实在在地合理分配时间去实施项目。

启动或重新启动社会化媒体活动的头三十天

社会化媒体活动开展的开始三十天致力于下列目标：

- 每两周更新一次领英旺铺介绍中有关公司的消息和资料。

- 一天几次更新公司在脸书上的页面。

- 在一天当中发送有趣有益的推文 10~12 次，不拘哪个网站。

- 一周推送 2~3 篇博文（不是关于公司节日派对或公司 CEO 会议的）。

- 每周中肯地、有见地地评论 5 个博客帖子。

- 下载一系列 YouTube 制作的视频，为受众提供有价值的服务。

- 不断更新公司的谷歌网页，以相关的帖子和内容为公司的产品和服务建立大众认知。

- 在开展活动期间，每个月在 SlideShare 上传资料一两次。

■ 24 小时之内回复公司网站上反馈、用户声音和获得满意板块中访客的评论。

衡量成功

■ 明白社会化媒体帮助实现客户维系和客户获得。

■ 在公司网站安装了 Google Analytics，KISSmetrics，Adobe Analytics 软件，以便监测站内流量，对潜在客户转化为客户的时间和方式进行分析。

■ 准备生成周报和月报，突出宣传社会化媒体项目取得的成功。

■ 持续监测社会化媒体活动项目，以便改善效果并持续创造强大的投资回报。

利用社会化媒体赚钱的终极秘诀

运营社会化媒体赚到钱和没赚到钱的人是不一样的，那些利用社会化媒体却赚不到钱的都是典型的不够脚踏实地的人。多数情形下，他们仅下载一个 YouTube 视频或者上传他们的领英文档，即声称他们开展了社会化媒体活动。

正如我们在本书中认识到的，开展社会化媒体活动可不仅仅是下载 YouTube 视频或创建一个领英文档，事实上要比这复杂得多。

那些通过社会化媒体赚到钱的人可就不同了，他们明确目标，制定计划，并不屈不挠地执行计划。

你现在已经可以利用社会化媒体赚钱了。我们把成功开展社会化媒体活动最好的工具毫无保留地给了你，并帮助你弄明白如何使用它们。

我们唯一没给你的是推你一下让你迈出第一步，因为我们希望你自己主动迈出第一步。

听起来意味深长吧？

牢记上面的话，下面是终极秘诀，它们能让你更迅速、更有效地推进活动进程：

秘诀一：与其做十件平庸的事，不如做一件完美的事。不要劳神费力地试图把每件事做完美，如果你不喜欢你的博客帖子、推文或领英文档，明天你再进去换下它们不就行了？

秘诀二：用5～10个社会化媒体任务开始每一天，让自己感觉到开端良好。这些任务比你想得要轻松：发送三篇推文，在脸书上回复一个问题，给你读过的一篇不错的博客文章进行有益的评论，看到了吗？你的一天拉开了精彩的序幕。

秘诀三：访问60秒营销人网站寻求更多灵感。我们经常更新60秒营销人网站的页面，内容来自全球范围的营销专家。停下来验证一下我们网站上提供的工具、贴士和技术等，我们保证你每次访问我们的网站，都会怀揣着一大堆奇思妙想满意离开。

就到这里了，读者朋友们。

发帖让我们分享你的进步，也让我们了解你们有什么愿意使用的工具和技术，以便我们将其整合到本书的下一个版本中。

图书在版编目（CIP）数据

玩赚社会化媒体：第2版/（美）特纳等著；李洁译．—北京：中国人民大学出版社，2016.3
ISBN 978-7-300-22391-9

Ⅰ.①玩… Ⅱ.①特…②李… Ⅲ.①网络营销-研究 Ⅳ.①F713.36

中国版本图书馆 CIP 数据核字（2016）第 003743 号

玩赚社会化媒体（第 2 版）

［美］杰米·特纳 列什马·沙阿 著

李 洁 译

Wanzhuan Shehuihua Meiti

出版发行	中国人民大学出版社			
社 址	北京中关村大街 31 号	**邮政编码**	100080	
电 话	010－62511242（总编室）	010－62511770（质管部）		
	010－82501766（邮购部）	010－62514148（门市部）		
	010－62515195（发行公司）	010－62515275（盗版举报）		
网 址	http://www.crup.com.cn			
	http://www.ttrnet.com（人大教研网）			
经 销	新华书店			
印 刷	北京联兴盛业印刷股份有限公司			
规 格	148mm×210mm　16 开本	**版 次**	2016 年 3 月第 1 版	
印 张	7.875 插页 2	**印 次**	2016 年 3 月第 1 次印刷	
字 数	145 000	**定 价**	45.00 元